Learning face-to-face into online

対話を重視した新しいオンライン授業のデザインを創る

著:
保﨑則雄
冨永麻美
北村 史

映像モード・
音声モード・
文字モード・
身体モード
の役割とは

唯学書房

はしがき

　「オンライン方式の授業というのは、対面方式で行う授業の補完ではない」というシステムの二項対立の様な謂が、果たして何かの現代的な教育課題を解決するのでしょうか。あるいは、より効果的にその二つのを融合させるべく授業をデザインするにはどのようにしたら良いのか、という問いを掲げて試行錯誤をすることが好ましい方向なのでしょうか。

　「教育は研究のためにやるものではない」という主張と同時に、「教える・学ぶという活動のあちこちに改善、改革する研究課題や問題が山積している」ということはこの本で紹介される授業実践の基盤として含まれています。

　本書ではこの3年ほどの間、教育分野で起きていることを授業関係者（教える側と学ぶ側とその間でリベロの如く自在に動き回る人という意）の立場を中心に、教育行政に関わる人の言葉も加えて、今一度俯瞰して考え、分析を試みます。Technology push に傾くようなシステムの問題や既に教育で使用されてきているメディアという狭義の視点からばかりではなく、対話・コミュニケーションということを中心に捉え、学習者の学びの内容、方法、構造、学びが生起される状況に関わる多くの側面から考えて何らかのよりよい解（釈）を導き出そうとするものです。決して唯一無二の正解に辿り着くようなアプローチではありません。それは、我々著者がときに冷静に教育現場を捉え、かつ情熱を持って続ける日々の教育活動について、自省的な実践者として授業を行いながら気付いたり、毎回の授業で理解を深めつつ振り返り、明らかになってきたことなどを可視化し、次の授業に向けてどのように改善することができるのかという終わりのない連続した探求になると思います。自らの授業改善という大きな命題を常に掲げて、さらに「ではその授業実践を（学習に関わる人たちにとって）少しでも効果的、魅力的にするには、学習者の学びを促進するためには、何をどのように取り入れ、無くし、修正、変化させればいいのであろうか」という Action Research の問いの原点のような課題に取り組むことで何かが見えてくるのかもしれません。

　2020年度より COVID-19 パンデミックの影響で、小学校から大学まで多くの教育機関がオンラインでの授業に切り替えることを余儀なくされました。

3年前の状況を思い出して世の中の教育現場や職場のあちこちでオンライン授業（テレワークも）への切り替えに右往左往し、苦労していました。オンラインでの授業に必要な<u>機材</u>、<u>システム</u>、<u>教材</u>、<u>施設</u>、そして何よりもそれに<u>関わる人たち</u>（学校関係者、学習者、保護者など）の心理的な余裕がない、状況と課題に不慣れだったことが理由でした。当時の慌てぶりやぎこちなさなどはどう考えても、毎日影響を受けていた学習者が可哀想になるくらいの大騒動でした。そしてそれは今も潜在的に根深く尾を引いているのではないでしょうか。喉元過ぎれば熱さ忘れる？ということでいいのでしょうか。否！

　そのような状況の中、あちこちで叫ばれたのは、「オンラインでの授業には慣れていない。不便や不自由を感じる」「オンラインでは効果的な授業・教育ができない」「早く対面式授業に戻りたい」というような声でした。私自身、様々な相談を投げかけてきた教育関係者の方々に同情していたという記憶もあれば、視点を変えてみればいいのに、と思って一緒に問題解決や改善を考えたという記憶もあります。世の中で何か起きると最終的に犠牲になるのは常に子供たち学習者であっていいのでしょうか。

　冒頭の考え方を今一度再検討してみたいと思います。果たして上記の考えは適切、正統的な考えなのでしょうか。あるいはやや的外れな考え方なのでしょうか。2つの視点が正面から衝突しているような印象を持ちますし、果たして弁証法に解を求めるような改善方法でいいのでしょうか。もし、同じ状況を教える・学ぶというシステムの視点からではなく、学習者の学びの選択という視点で捉えた時に、何か異なった景色、あるいは道筋が見えてくるかもしれません。極端に言えば、1時限の中で対面やオンラインという学びの方法から論理を選択的に取り入れ、そしてそれが学習者の判断に委ねられたりするというような発想です。この考え方を突き詰めると不登校は自然なことであり、保健室登校、図書館で学ぶこと、自宅で学ぶことなどは単なる学びの方法の選択肢となります。学級対抗XX大会などの学校行事も見直すことになるでしょう。そして何らかの授業改善を追求しながらそのような疑問に向き合う我々著者がこの3年にわたって起きていることを、教える・学びを誘うという行為を原点から見直し、日々の教育活動を実践しながらこの本を出版しようと考えた訳です。つまり、教育現場で学習者がどのように学

びを進めるのが良いのか、より効果的なのか、その学びの過程に「媒介する人工物」「規則」「学びのコミュニティ」「道具の活用」「身体の表現」はどのように機能することができるのかという教育の本筋の視点からCOVID-19の状況を今一度考えてみましょうというのが本書の主旨です。

　私自身の教育との関わりについては、高校教員生活を経て米国でメディア教育のことを学んだ「教育コミュニケーション」を実践、研究する教育実践研究者です。一番関心を持っているのは「人はどのように学ぶのか、学びに必要な道具やメディアとはどのようなもので、それらは学びのコミュニティにおいてどのような使い方、使われ方をすることが効果的なのだろうか」、ということです。言い換えれば、自分はReflective Educational Researcher-Teacherです。教育は実践です。省察をしつつ、教育実践の中で考え、識り、苦しみ、悩み、喜び、泣きつつ向上することが重要だと思います。また、映像、イラスト、画像、静止画、動画、アニメーションなどを総合する言葉として、視覚的な概念としてばかりでなく、解釈する立場からのvisualsという表現を多用するという立場でもあります。それは、映像と言うと、どうしても動画であると解釈され、映像にイラストや絵画が入るというイメージがなかなか持てないような日本語体系となっているというまさに、ビジュアル・コミュニケーション、メディア・コミュニケーション教育での原点としての課題にも関わることでもあると思います。本書で考える広義のメディア観として、映像はもちろん含まれますが、言語や音声、身体も含めて考えます。さらに、メディアというのは名詞ではなく、to mediateという動詞で考え、何かを繋いだり、媒介したり、関係付けたりするダイナミックな言葉として捉えます。

　冒頭の謂は、やや乱暴でtechnologyやsystemを中心に考えているような気がします。我々は誰でも状況に応じて学ぶ身です。もっと学び手、様々な状況にあって学びを続けている人、の側に立って考え、焦点を合わせて考える必要があるのではないでしょうか。かつて創造的破壊ということが言われましたが、教育においては、ときに何かを壊したり、捨てたり、分解するような活動も、創ることと同様に重要だと思います。教育という場におけるコミュニケーションを、教室内、学校内だけに押し込めずに、教師、学習者、保護者が生活するすべての状況を学びの場、道具と捉えるという考え方です。

本教育実践研究は、科学研究費補助金、早稲田大学特定課題研究補助金を受けて行われています。2019年当時研究を計画した時の研究課題は、「『とっさの判断』を重視した対話、表現活動を取り入れた授業内活動の構築、実施と評価」でした。しかし、実際には、研究開始の2020年4月からは、対面での授業を想定した上記の研究課題が、COVID-19パンデミックで全く実践できなくなりました。「教室」を意味する概念が、時空間の制限をあまり受けないようなインターネットなどの広い「学びの場」となりました。同時にオンライン方式の教育と対面式教育という対峙が生まれ始めました。我々も必然的に研究対象への視点を変えざるを得なくなりました。学び手あっての教育ですから、視点を「学ぶこと、学習者が発信する言動」に移動させてみました。そのような状況で、オンライン方式と対面方式の授業の違いや融合・対話という別の課題に向き合うことになりました。しかし、それは教える側の論理であることに気づき、そのような授業方式の教育効果の分析を、学び手や学ぶ内容、場の視点から考える方向に視点がさらに移動しました。その過程で起きたこと、わかったことを不十分なりにも我々が分析した途中経過報告のようなものが本書の内容になっています。

　本書の構成は、第1章で学びの即興性、柔軟性、対話するメディア・コミュニケーション、メディア空間と現実世界における学びの活動の意味などについて考えつつ、問題提起を行い、同時に、授業実践から学習活動の参加者である大学生の振り返りのデータを取り上げて分析します。第2章では、映像制作の授業実践を紹介しつつ、「協働」「オンライン」「相互評価」「創造的なものづくり」といった分析対象とする授業の基軸である4つの視点に注目して、受講した学生のインタビューデータを元に定性的に分析、考察し、第3章では、授業の別の面に触れつつ、その教育実践を異なった視点で主に定量的な方法により分析します。第4章では、「身体表現学」という、人と人との接触 (contact, touching) を取り入れる授業を身体というメディアから、「対話」「共同」、「協働」、「伝達」、「即興性」、「身体心理学」という視点で分析します。第5章では、教員養成課程の科目である「英語科教育法4」の授業実践を取り上げて、授業分析、オンラインでの教育デザインや実践の方法と拡張性などについて教員養成プログラム改善の視点から自在かつ柔軟に考えます。学習

者の学びを最大限充実したものにするには授業をどのようにデザインし、どのように道具やシステムを取り入れて工夫したらより適切に実践することができそうなのか、という視点で考察します。第6章では、教育行政に関わっている本科研の研究分担者が、教育心理学研究者の視点から考察し、次に、国内外で日本語教育に長年携わっている研究協力者の立場から、加えて、授業におけるTAの意義、教育活動に関わることを研究課題としている本科研の研究分担者の立場から考察した三者からの意見をインタビューを通して提示し、できるだけ異なった立場からの教育の現状について述べてもらいます。

　世の中はまだしばらくの間は、COVID-19の感染は収束はしても終息はしないと思われます。そのような状況でも人の学びをしっかりと進める重要性について工夫や知恵を駆使し、学ぶという生涯関わる活動を再認識して取り組みたいと考えます。

　本書の出版では、唯学書房の村田浩司氏に構想段階から大変お世話になり、またカバーデザインでは平澤智正氏に、ご尽力をいただき、それらがあったからこそこの出版が可能になりました。ここに編著者一同心より感謝し、お礼を申し上げる次第です。なお、本出版費用は下記の科研費（20K03105）の補助により行われています。

2023年3月

著者代表

保﨑則雄

科学研究費補助金（20K03105 研究代表者：保﨑則雄）「『とっさの判断』を重視した対話、表現活動を取り入れた授業内活動の構築、実施と評価」（2020年度〜2023年度）
早稲田大学特定課題研究補助金（いずれも研究代表者は保﨑です）
①「対面式とオンライン式授業のリフレクション活動での受講生の意識と評価の違いの分析」（2022C-224）
②「評価対象としない授業の振り返りにおける担当教員とのトランザクション」（2019C-350）
③「『対話』重視のリフレクション活動が制作・表現型授業における学びに与える影響の分析」（2018B-286）

目次

第1章

メディアコミュニケーションの授業における対話活動の可能性

1 はじめに

　本章で紹介する内容は、授業以外の時間をできるだけ効果的に組み立てて、学生の学びの振り返りの活動において、どのようにしたら教員、学生、授業内容間の対話・コミュニケーションを迅速且つ、教育効果が上がるようにつなげる取り組みができるのかという問題解決の「教育実践研究」です。授業リフレクション活動を取り入れた「教育実践記述」、ひいては「教育方法学」の具現化ということが言えると思います。世界のCOVID-19の問題とは一線を画しつつ、且つ関連させて、現在使用している教育メディアの属性を対話という軸を絡ませて、今一度見直し再評価してみようかという取り組みです。現況で出来そうなことの範囲を拡張して毎年開講しているon-going授業活動の分析の結果の報告です。それ故、対象とする授業は同じ科目であっても受講生が年度ごとに異なる状況で、2年間を合わせて考察、分析したので、実験群―統制群のような措置はできません。ただ同様の活動内容での授業であるので、よく行われる授業リフレクションという観点とは多少異なる自分の学びのリフレクション、教師と学習者間の対話リフレクションのような共通の活動でもあり、本章ではそれを主な分析対象としています。

　具体的には、オンライン方式（リアルタイム・同期型Zoom利用）のメディア系の授業科目において、メディア属性の活用と言語コミュニケーションの組み合わせに、オンライン方式の教育における即興性、即時性を組み入れる授業実践の可能性について報告します。本書の基盤である科研課題との繋がりで考えると、大学の授業における咄嗟のコミュニケーションとはどのようなものがあり、どのような様相をするものなのか、そして、教員と学習者の関わりの中で、どのような展開をしたら、両者が少しでも納得し、満足しつつ授業や学びへの意欲が増し、効果的、且つ、より良い方向に主体的に向かうのかということになります。但し、ここでの即興性、咄嗟という捉え方は目の前にいる相手にその場で質問したり、問いかけたり、コメントをするような状況での、ほぼ時間差のないような意味での咄嗟とはやや異なります。所謂、Talk backの活動というよりも、Write backであり、過去の自分の学びへの参加から次の学びの参加につなげる様な継続的reflective experienceという意味

合いの活動と捉えられるかもしれません。

　大学の授業は、小学校や中学校のように一つの教科が毎日、週に複数回あるのとは違い、一番オーソドックスなものとしては1週間に1回（90〜100分間）あるというやり方が多くあります。その場合、授業で配布した課題などを提出するのは翌週になることが多いですし、それはオンライン学習の場合なら、提出期間をやや短め、早めに設定し、採点、コメントをつけて翌週の授業時に返却するというケースも多くあると思います。もし翌週の授業時になるまでに返却するということになると、これは実際に数年前に何度か実施してみたのですが、授業が木曜で何か小テストや課題などを提出してもらって回収して、採点後の返却は、土曜日とか月曜日などに私の研究室まで個別かまとめて返却物を取りに来てもらうことになります。しかし大学生の多くは必ずしも毎日大学に来るとは限らず、返却が実にややこしく、時間的な効率も良くありません。また、研究室前のメールボックスのような箱に入れて自由に受け取りに来るようなシステムはプライバシーの保護の点からも好ましくありません。

　では、それほど早く返却する、フィードバックを返す必要がどこにあるのか、という疑問も出てくるでしょう。教育におけるフィードバックの効果の考え方では、単純な回答やレスポンスなどに関しては、immediate feedbackが効果があると考えられています。一方、深い思考や熟考を必要であるような問いや課題においては、思考するための時間をかけたdelayed feedbackが効果的であるとされています。つまり、計算テストや漢字テストのようなものはその場で採点し返却する、あるいは結果を知らせる（いわゆるKR情報：Knowledge of Results、結果についての知識）の速さが効果的であるとされ、「1とは何か」「より面白い映像作品を制作するにはどうしたらよいのか」というような沈思熟考を要求するような、所謂「脳が汗をかく」ような問いに対するレスポンス、説明や回答には時間をおいて行った方が学習効果があるという考え方です。こういうのはちょっと禅問答にも似ている面があるかもしれません。

　では、本授業のような授業後の振り返りではどうなのでしょうか。受講生には、その時間で何を学び、どのような疑問やコメントがあるのか、という

問いの回答をじっくりと考えて描く（打つ）ことになるので、おそらくそれなりの時間経過というものが必要なのではないでしょうか。このことは継続して実践しつつ、実践者が学習者に問いかけながら毎期授業そのものの質向上につながると考えられる活動であります。同時にこういう学生の学びの活動への参加の蓄積が大学教育への満足度、知的刺激などといった項目を構成すると思われ、大学大綱化以降に注目を浴びてきている IR (Institutional Research：機関調査) で実施する諸活動の質保障、質向上を図ることの重要性 (鳥居、2021) にも関わってくると思われます。実際に学生との対話を確かめるための「Reflection sheet」や学期末に「授業アンケート」を行なっているので後ほど提示して確認したいと思います。

　次項では、分析対象とする授業科目を簡単に紹介をして、このようなメディア系の授業実践がオンライン方式での授業でどのように即興的な対話において展開できるのか、その可能性、限界、注意点や課題などについて述べます。私自身の蓄積してきた汗と知恵 (巷では知見、経験知などという風に言っているのかもしれません。あるいは「暗黙知の次元」〔ポランニー、2003〕が述べているような利点や熟達知の課題も含むようなものかもしれませんが) があちこちに散見されるような授業実践から、大学生の学びにつながっていてほしいと思います。本章を通して実際に考えるのは大学での授業ではありますが、スマホの普及でオンラインという要素や対面での授業という広がりとつながりを考えた場合に、まさに私が長年関わってきた言語コミュニケーション、メディア・コミュニケーションという分野で、何がどのようになることや、どのようにすることが、初等中等教育から高等教育へと接続可能なのかということも考慮するようにします。

2 教育実践の紹介

　2021年度、2022年度にオンライン形式で行った、リアルタイム (同期型) でのZoom利用の授業について、まず授業の概略とねらいを紹介しつつ、次項ではこの実践の理論的は背景を紹介して、その次の項では、授業最終日に行った「授業アンケート」のデータを掲載し、逐次分析を行い、考察します。

対象とする授業の紹介

授業名：「メディアコミュニケーション学」(以下MC学) 専門発展科目　2単位　春学期開講

開講期：毎年春学期のセメスター科目 (15週)

受講対象：学部1〜4年生　登録学生数は、38名 (2021年度)、54名 (2022年度) でした。本科目は、ほとんどすべての受講生にとって初学の分野の学問であるため、さほど学年差というものは本章の分析に影響を与えないと理解します。

到達目標：メディア「で」学ぶ、伝えるということだけでなく、メディア「を」学ぶこと、教えること、つまり life skill としての Media Literacy (メディアを読み解く、活用する、制作すること) について理解を深めます。

授業概要

　受講生は、現代の教育コミュニケーション活動において、AIやメタバースのようなものも含むメディアとの共存、共生は欠かせないことを理解し、適切な ML 育成の方法を具体的な学習内容、構成とともにデザインできるようにします。具体的には、先人が生み出した映像理論の理解、日本における戦前、戦後の映像教育史なども俯瞰し、メディア構造、メディア属性、機能、メッセージ性、教育への応用、メディア研究などについての基礎的なことや主要概念を例示しつつ学びます。これからの学校教育などで、メディアのことがどのように系統立てて教えられるべきなのかということを考え、効果的な構築をして提案ができるようにします。授業では放送業界、著作権業界、メディア業界で仕事をしている専門家をゲストスピーカーとして招き、関連分野の最新の知見を学びます。

授業計画（●は学習項目　順不同）

●メディアリテラシーの現状と課題

　メディアリテラシー教育の重要性を「メディア・リテラシー」(カナダ・オンタリオ州教育省　FCT訳、1992)、合わせて「香川県条例」(2020) を参考にして基本概念の理解と批判的な思考を深めます。同時に「賢いメディア消費者」

として主体的で自立した市民を育てることの重要性について考えます。

●メディア「で」学ぶことと、メディア「を」学ぶことの違い

　メディアと離れた日常生活を送ることは現代ではほぼ不可能です。多くの人がスマホを持ち、コンピュータを使用しています。そのような便利で速い<u>道具としてのメディア</u>と<u>本質としてのメディア</u>についてその違い、異なりについて考えを深めつつ学びます。

●マクルーハンの「Understanding Media」(1964) とマスターマンの「Teaching the media」(1980)「映像と教育」(波多野完治ほか、1991) などで先人が述べている言葉の現代的な解釈

　メディアとは何か。メディアの属性と危険性、発展性などについての考え方を、「メディア論」から考え、その20年後に発行されたマスターマンの考えにおけるメディアの教育への応用という視点を合わせて学びます。同時に、「映像と教育」(1991) から、日本でも戦前の1930年代から映像に関しては教育が行われていたことを、興業映画、講堂映画の違いなどから理解します。

●映像文法や映像表現の理解 (モンタージュ理論、クレショフ効果、フラッシュバック、ズームイン、リボルビングショット、入れ替え、錯視、残像、映画の弁証法、アートとしての映画、映画の言語体系論と言語活動論、レトリック表現、メタファーなど)

　「映像の心理学」(中島、1996)、「THE MEDIA BOOK」(C. Newbold, O. Boyd-Barret & H. V. D. Bulk、2002) などの資料から映像メディアをアート、心理学的、教育学的な視点で理解します。

成績評価

　授業中のディスカッションとグループプロジェクト

授業の進め方と意図

　この授業では、critical thinking (「クリティカルシンキング (入門篇)」(1996) という考えを重要な基盤にして、critical viewingへとつなげ、メディアそのものの属性 (＝特性) からメディアメッセージの適切な理解、解釈を促します。一般にメディアリテラシー教育でしばしば言われる「批判的思考」ということとは少々異なり、「適切な解釈、思考や判断」という表現で紹介します。それは、

日本語で批判的という言葉の持つイメージには、否定的、非難するようなイメージがつながっていて、本来中立性を重んじる言葉、criticalの解釈に問題があると理解されるからです。

　そして、この授業内容そのものが、本章で紹介する教育活動である、Reflection sheetの実践と大きく関わっています。MC学では、様々な文献や記事、講演、テレビ番組、ラジオ番組、ネット情報で紹介する資料も多く、風刺画のような社会批判の「妙」ということにも触れます。それは、最近新聞購読者が減り、情報はインターネットで収集、倍速視聴、読むという人が圧倒的に増えているため、多少のひねりや風刺、ユーモアを絡めて、社会批判をするという思考や発表が減っています。増えているのは、自分のアイデンティティーを隠して発信するという行動です。以前はメディアと言えば、ラジオ、テレビ、新聞などに代表されるマスメディアのことでしたが、現代は、メディアと言えば、ひとりひとりが送受信の手段を所有し、自在にメッセージを送受信するパーソナルメディアのことです。TwitterやInstagram、TikTokなどのSNS (Social Networking Service)、LINEなどがその基盤メディアシステムとなっています。それゆえ、伝統的なマスメディアへの信頼、信用度が下がりつつあるのは授業をしていても実感します。インターネット空間に散在する無尽蔵のデータというものが、個々人の興味、関心で適宜引き出され、結び付けられ、しばしば誘導されて構築されているのが、現代の知識やスキルであるようです。それに連動して、無限に横に広がる情報が如何にも最新の知識や知恵であるかのようなやや乱暴な振る舞いをしているようです。

　毎回の授業では、そのようなネット上に無限に存在するデータを如何に処理・解釈し、判断し、自分の知識に取り込んで有機的に構築するのがいいのだろうか、という問いかけをします。そのことは、横広がりの現代から、縦つながりのデータ収集という発想で紹介します。50年前の日本人はどのようなメディア、メディア情報に囲まれて生活していたのか、とか、100年前の世界はどのような情報に（しか）接することができなかったのか、とか、人民をメディア被害、メディア感染から守るためにどの年齢で、何を、どのように教えたり、紹介するのが最良のメディアリテラシー教育なのかというような問いに対する解（釈）を考え、実践するのが良いのだろうという授業内容で

す。このような内容ですから、受講生の意見や反論は比較的しやすく、それが授業への主体的な参加にもつながっていると思います。

学期末に行う「授業アンケート」パートA（49項目）＋B（11項目）

パートAの部分の質問項目は簡単に言えば授業全体の質保証のため、受講生の授業での学びや参加について自己評価すると共に、担当教員や課題などについての総括的な評価です。15週間で行った活動の総合評価です。質問のカテゴリーには、自分の学びについて（7問）、教材・課題について（7問）、担当教員について（7問）、映像制作について（6問）、グループ活動について（4問）授業形態について（8問）、

自由記述として4問（TAについて、授業で役に立ったこと、あまり役立たなかったこと、今後の授業に期待すること）が設問です。

別に、パートBでは、Reflection sheet（以降はRS）の評価について尋ねています。1問のはい－いいえの質問、5問の五段階尺度評価＋5問の自由記述問です。以下では主にこのRSの回答について分析します。

3 理論的な背景

大学教育に参加するまでの初等中等教育において、文科省の中学生用の学習指導要領の総則では、かなり抽象的な文言の使い方をしつつもこうありたい、こうあって欲しいという国策としての教育方針というのは述べられていると思います。

「主体的・対話的で深い学びの実現に向けた授業改善を通して、創意工夫を活かした特色ある教育を展開」ということに次いで、**「個性を生かし、多様な人々との協働を促す教育」「豊かな心や創造性の涵養を目指した教育」**（中学校学習指導要領、2017）ということを日々の教育実践活動につなげて考える必要があります。

さらに、高校の学習指導要領では、同様に**「主体的・対話的で深い学び」**の実現に向けた授業改善という点は継続発展させつつも、**「アクティブ・ラーニングの視点に立った授業改善」「カリキュラム・マネジメントの推進」**とい

うように、より授業改善の方向性が強調されているようです（高等学校学習指導要領、2018）。小中学校での**言語活動の指導**という方針が、高校ではさらに進んで、**言語能力の確実な育成**といった項目になっていて、これらが**大学教育での言語活動、さらに対話活動への拡張**（下線は筆者）へと続く基盤と考えることもできそうです。大学の教育では、授業内容に関わらず、教員側の授業改善に、現行授業の見直しという視点が継続して重要になると考えられます。そこには授業内容や授業方法の新規性、大学生という学習者の属性を当てはめて考えると、授業改善のために、教員と学生との間の風通しの良い双方向性を保証するということの重要性、そのための授業（＝教育）改善方法ということも不可欠であると思われます。実質的には、大学教員は自分が行っている教育内容や方法での裁量が大きくもあり、責任は大きいです。授業改善というのは、その専門分野における自分の教育哲学による教育改善にもつながるような変革、改善であるとも考えられます。

　そのような授業改善の中で、即興性という要素を必ずしも、話し・聞くという活動に捉われずに、書くことに関しても取り入れる活動があってもいいのではないかと考えます。実生活では、スマホやPCによるコミュニケーション活動では、ビジュアル交信による部分も重要であり、同時に文字（ビジュアルとしての文字表記も含めて）による送受信は継続して多くあります。その場での返信や発信、つまり即興性が日常求められる言語コミュニケーション活動に参加していると理解されます。それぞれの学齢、授業内容において学習者に授業内容に関する振り返りを課すことは教育活動ではしばしば行われます。それは、「授業の振り返り」「大福帖」「授業リフレクション」など実践者の命名により様々であると思われますが、本授業では「Reflection sheet」という名称で行なっています。この振り返り（reflectiveness）という概念と活動については、OECDが以前指摘した初等中等教育での学力（key competences）の一つと捉えたことを受けて、高等教育でも所謂generic skillとして捉えられています。和栗（2010）の分析では、振り返ることができることは大学生の今日的な課題として重要なスキルであるとして、自分の経験学習を充実させる活動であるとしています。自分の学びをもう1人の自分が認知、思考、判断できることは、メタ認知という考え以前に、世阿弥の「離見の見」にも繋がる人の学び

（精進）を継続させる時に不可欠な考え方にもなるでしょう。

　そこに共通する基本軸には、直接経験、デューイの言い方だと、所謂primary experienceと呼ばれる最初の第一人者経験・体験を客観的な視点を持って振り返ることによって二人称、あるいは三人称の視点を持つということにもなるでしょう。そのことは、批判的な振り返り（critical reflection）とも呼ばれますし、また、自省的、省察的な語り（reflective dialogue）から、さらにそのことを文字にすることの重要性についても指摘されています。体験を言語化することの学習効果については、大学の複数クラス開講科目での実践で、社会問題の当事者意識を高めることが報告されています（河井ら、2017）。文字にして記述することにより、省察的な経験を考え、客観視しつつ強化するという機能があると指摘されてもいます（Tayler, 2009）。

　この授業で扱っている内容は、**メディアのこと**です。学生が毎週書くReflection sheetにはやはりメディアのこと、授業内容に関することは確かに多くあります。メディアの授業でよく使用される定番は、やはりマクルーハンのメディア論（1964）だと思います。今でも多用されるというのは、その後にそれを超えるような考えや理論が出てきていないということにもつながるかもしれません。彼は、カナダで生まれ、マニトバ大学で機械工学と文学を学んだという経歴がありますから、文章が非常にレトリカルで自省的、自嘲的、皮肉にも富んでいるという特徴があります。それゆえ、授業では、英語の原板と日本語訳版の両方を対比させて紹介しています。この2言語間での違いや言葉や構造の違いが受講生のcritical thinkingにもつながっているということは担当していてしばしば感じる興味深い点です。どの分野であっても、複数の言語を対照させて学ぶことにより、深い理解が得られるということは、バイリンガル教育学の分野でも指摘されている興味深い知見です（大学英語教育学会、2003）。

　振り返りの活動は、一次経験としての実体験を抽象的な概念として再構築する、学びは意味のある身体活動と認知の統合のプロセスであるとも指摘されます（Jordi, 2011）。そこには意味のある身体、認知の動きでも説明できないような現象が起きているのが教育現場でもあると思われます。時に、何のためにそれをするのか、とか、最近では留学をして何になるのか、そんなこと

をして何の役に立つのか、という問い掛けが一面思いやりを装った「精神的な追い込み」にもなっているのではないでしょうか。

　学習者が正解のない問い、答えのない問いに向き合いながら、自らの学びを進めていくことは重要なことです。一般に、授業は「学習目標」という学びの目的を指定してそれに向かう最短、最適な方略を提示しつつ効率良く進めることを良しとします。例えば、振り返り活動においても自分の理解を確認する、到達目標に向かって進んでいることを確認する、というように半ば成績に直結するような取り組み方が重要視されています。それはそれで重要なことなのですが、学習者が評価を意識せずに行なったり、行わなかったりするような活動は教育にうまく取り入れることはできないのでしょうか。生徒の主体的な学びを実現しているのかということを高校の国語総合の科目の生徒が書いたワークシートを担当教員の評価、インタビューから確かめた調査（清道ら、2012）のように教師の実践から学習者の学びを探るという視点もあるでしょうし、看護学生の教育に自省的な振り返りのスキルを取り入れて教え、その効果を調べた研究（Pretorius and Ford, 2016）もあります。学生自身がルーブリック、Can-doリストなどを用いて自分の学びを項目ごとに評価するという試みなども数多く行われていますし、各教育目標に対する到達度を自己評価で行うというやり方は比較的一般的です。ミニッツペーパーを利用し、学生自身が自己評価基準を設定し、達成できたのかという振り返りを行い。学びを評価するという実践（森ら、2017）は授業内容と連動している内容の振り返りを確かめるというものです。授業内容と付かず離れずの語りについて、それを評価の対象とせずに自由に描き、提出も自由になっているという実践はほとんど見受けられません。少なくともそういう活動は表面には出てきにくいと思います。それは、授業でやっていることは全て成績評価の対象として行なわなければならないという暗黙の了解とルールがあるからなのかもしれません。評価の対象にしないという条件が学生の気楽さ、自由な発信、そして時には奇抜なアイデアなどにつながることもあるでしょう。自分の学習履歴や学習成果物を蓄積し、リフレクション時に活用するというような「学習ポートフォリオ」を用いた活動なども一定の評価ができる活動だと思います。

4 収集データから見えること

　まず、筆者の教育活動の重要な一つ、学習者がとにかく書く、表現するという活動をふんだんに取り入れる授業、の一部を紹介します。

　毎時間授業後に使用するこのReflection sheet（表1-1）の特徴は、

①書くことは奨励していますが、原則的に強制でもなく、授業評価にも全く組み入れないこと、主体的な表現活動としての位置づけとして説明しています。

②書きたいと思う受講生が大学のLMS (Learning Management System) であるMoodleの機能を活用して、sheetをダウンロードして記入（ほぼ全員がタイプ打ち）して、提出フォルダに期限までに提出します。　授業時間終了後から1時間後にフォルダを閉じますが遅れても提出したい学生は、担当教員宛のメールに添付して提出することも時々あり、教員は、コメントを書いて返却するという同様の扱いをしています。特に成績評価に入れるものでもないので、後で考えたり、継続して考えたいという学生の要望も汲み入れています。ただ一応の提出期限は設けてバラバラにはならないようにはしますが、そもそも「遅れる」という概念のない学生と教員とのコミュニケーションのためのものということです。流石に、翌週の授業を超えて提出する学生は皆無です。

③提出されたReflection sheetをダウンロードし、印刷します。全sheetを読み、教員が1件ずつ手書きで返信します（図1-1）。タイプと手書きの違いなどについては、授業アンケートでも答えてもらっていますが、文字だけによるコミュニケーションではなく、授業内容にも関連して、visualであるイラストや図形、字を書く方向の自在さ、文字の大きさも極端に言えば、教員側はもちろんのこと、学生もペンタブレットのようなものを使用して、一字一字自由に変えられるということです。少ないのですが、そういう描き方をする学生もいることはいます。これは、授業でのreading assignmentとして最初に紹介する、Ogasawara (1998) の指摘でもある図形がvisuals、文字がverbalであるという一義的な考え方でなく、解釈の方法や深さなどが一つの基準にもなるということにも関連している実践となります。確かに教員

表1-1：毎授業で使用している［Reflection sheet］

Reflection sheet: メディアコミュニケーション学　　Sp 2022

　　　／　　　/2022　　学籍番号　　　　　　名前

1. 今日の授業で何に気づき、何を学んだと思いますか。

2. 疑問に思ったこと、伝えたいことなどを書きましょう。

もタイプで打って回答することもでき、そちらの方が正確で早いとは思うのですが、上記のようなことを例示することや、「教育とは一見無駄と思われることを如何に楽しめるのか」ということの実践でもあるので手書きでやっています。

④即興性を一部高めるような返却期間を工夫してやっています。授業終了後、2、3日以内で返却するということが常です。これは個別の回答であり、受講生が書いたことを一旦意識下に沈める時間に2、3日はあってもいいだろうという考えにもよります。可能であっても翌日返却とはしません。ここでやや delayed feedback のことを意識しつつ、それなりに急ぐという即興性も併せて考えています。このことはコメントを書く教員側にも問やコメント、要望などを受けて、ある程度考える時間や回答する時間を設けるのがより良い回答になるのではないかという思惑もあります。

⑤特に回答時に意識はしてないのですが、書かれた内容から授業に関連していなくても、随時個別に何かを教える、伝えるということも入ることがあります。

⑥書かれた内容に世間話や進路相談なども入ることもしばしばありますが、ほぼ同様に真剣にコメントをしています。体験談が好まれ、失敗談が好まれるのはどの時代、どの学齢であっても同様だと思います。

⑦学生の書く内容によっては、コミュニケーションが継続することもあり、次回に持ち越したり延長されたりすることもあります。継続性については、次につながるようなコメントや質問を教員側から投げかけることもありますが、必ずしもそれは意図的なことでもありません。

　以下では、Reflection sheetの分析からわかってきたことについて述べます。いちおうMoodle上の提出なので必然的に記名となります。この記名という点には、私が話し、相手を定めたオープンなコミュニケーションをするという狙いがあります。学生の記入時間はほとんどが授業外であることと、提出は任意としていて成績評価には含めないという条件は何度も授業中には触れています。あくまで言いたいことを、伝えたい授業担当者に自分の言葉で伝えるということが重要です。このMC学はじめ、対面式授業では20年以上この活動をしていて、実はこの成績には含めないという条件がいくつかの課題、発見につながっていることがわかりました。詳細は後述します。授業で使用した「授業アンケート」（2021、2022共通）部分はA、B2つのパートで成り立っています。今回紹介する部分は、パートBの部分です。まず、前半の五段階尺度評価の部分について分析します（表1-2）。

　表1-3の評定値（4.15）から、「Q1：授業の理解に役立った」、ということは予想以上に高い数値となっていて一応の教育目的は達せられたと理解できそうです。但し、回答した学生のRSの提出回数にばらつきがあり、学期を通して数回程度提出した学生から、ほぼ毎回描き続けた学生が混在しているので解釈には幅を考える必要はあるでしょう。実際には、何回も提出したという学生の方が著しく多く、少ない回数を提出したという学生の数は多くないので、例えば、この活動の分析からは少々ハズレはしますが、提出回数の多少の群で比較するということを試みるという場合には、今後標本数が十分に増えればより大きく意味を持つ分析が可能かもしれません。統計的な分析をするための活動でもなく、何かのデータに著しい差があったとしたら、むしろそのことがRSの内容にそれとなく現れてくることに教育的実践としては意味があるのではないかと考えます。

　「Q2：なんとなく書いていた」（2.95）の解釈については、担当教員としては

図1-1：実際の Reflection sheet の例

Reflection sheet: メディアコミュニケーション学 Sp 2022

1. 今日の授業で何に気づき、何を学んだと思いますか。

今日の授業で見た「母を撮る」話は、原さんの熱い思いや親子の関係性などが伝わる映像で、とても感動しました。お母さんを撮ることで、より深く知ることができ、それが自分について知ることにも繋がるのだと知りました。また、自分が生まれてきた意味や自分の存在がお母さんの喜びや癒しになっていることを認識できる良い機会になると思いました。学校教育では知識を得ることはもちろん大事ですが、このように自分と家族などの周りの人との繋がりについて映像制作を通して知る、そこから始めて、自分の地域や社会について体験を通して学ぶ機会が重要ではないかと考えました。この映像を見て、両親のことについてもっと知りたいと思い、感謝の気持ちを届けたいと感じました。*これらのキーワードをつなげて研究にすることもできそうですよ。*

2. 疑問に思ったこと、伝えたいことなどを書きましょう。

考えることが大事。正解は

マクルーハンの言葉の中の6番にある
「ラジオのような「熱い」(hot) メディアと電話のような「冷たい」(cool) メディア、映画のような熱いメディアとテレビのような冷たいメディア」
という言葉の意味について詳しく知りたいです。以前、ホットなメディアは活字的メディアを指し、クールは声的メディアであり、誰かとの繋がりが生まれるのがクールメディアであると学びました。この考えでいくと、ラジオも電話も声メディアであることについて変わりはありませんが、ラジオは一方的な伝達であるためホット、電話は人との関わり合いがあるからクールという分類になる、という解釈であっているのでしょうか。教えて頂けると嬉しいです。

ありません

05/ 12 /2022　　学籍番号 ▮▮▮▮　　名前 ▮▮▮▮

音声、文字、映像という mode の
ちがいではなく　完成度の高い(＝hot)
低い (≒ cool) を理解すればいいと思います
1960年代は番組が粗いつくりになっていることが
多く　完成度(情報量, definition) が
低かったのです.　双方向性のメディアは
電話だけだったのです.　参加(参与, participation)
はゼロでしたね.

この双方向というシステムを発展させることが
hot cool を混在させるうえで無視できない
いいところも

表1-2：学期末の授業アンケート　パートB（Reflection sheet分）

成績には含まれないことを知っていた。　1. はい　2. いいえ

	強く反対	1	2	3	4	5	強く賛成
1. 授業の内容理解に役立った。		1	2	3	4	5	
2. なんとなく書いていた。		1	2	3	4	5	
3. 楽しんで書いていた。		1	2	3	4	5	
4. フィードバックは不要である。		1	2	3	4	5	
5. 今後も続けてほしい。		1	2	3	4	5	

1 以下の3つの中で、最も意見を言いやすかったのはどれでしたか。
　①クラス内発言　②グループ内（Breakout room）　③Reflection sheet
　（理由）

2 Reflection sheetを書くことはこの授業においてどのような意味があったと思いますか。

3 担当教員から手書きでコメントが来ることについてどう思いますか。

4 担当教員からのコメントに再度意見を述べたいと思ったことはありますか。

5 その他何でも意見をどうぞ

表1-3：アンケート項目の評定値と項目間の相関

	n=63
Q1: 授業の内容理解に役立っていた	4.15
Q2: なんとなく書いていた	2.95
Q3: 楽しんで書いていた	3.84
Q4: フィードバックは必要である	4.25
Q5: 今後も続けてほしい	4.13

	Q1	Q2	Q3	Q4	Q5
Q1: 授業の内容理解に役立っていた		0.13	**0.621	0.183	**0.618
Q2: なんとなく書いていた			0.38	0.283	0.048
Q3: 楽しんで書いていた				0.142	**0.659
Q4: フィードバックは必要である					*0.325
Q5: 今後も続けてほしい					

$* p<.05$　$** p<.001$

やや高いのかな、という印象を持ちます。出されたものには参加しておこうという程度の感覚で書いていた学生も結構いたことはわかりますし、授業開始2、3週の文面ではやや固い書き方や内容のものもあります。学期が進んでくると内容も面白く、柔軟に、日常ごとも話題になり、メディアのことでも疑問に思うこと、日常の疑問や自分のことなどの話題が増えてきます。プライバシーに関することも多く、ここで紹介できませんが、それが、冒頭の「教育は研究のためにやることではない」ということにもつながります。目的を定めない学び、興味が継続するような学び、評価対象としないような学びがあっても「学問をする」ことは成立するのではないでしょうか。「お勉強をする」とはそこが少々異なるとも思えます。そういう何気なく書いているものとしては、結構内容が濃いものであるという風に捉えています。実際に、20件程度のRSを学期に14、5週続けて読んで返信するという活動をしていると、授業における諸活動は、受講している立場からすると何でも授業内容に関わることであろう、という一義的な判断が強く、無意識的に働くとは思います。徐々に学びが重要で評価は別であるという意図も多少伝わると思いたいのですが。興味深いこととしては、担当教員としては、徐々に学習者個人が見えてもきます。授業に関係のないことはやらないでほしい、まずやらないだろうというのは正統的でもありますが、学習者一人一人という「学び手」がどのように変容するのかということは教員としては純粋に興味があります。

　「Q3：楽しんで書いていた」(3.84)というのは、やや低い評価だと思います。2年程度のデータ、数十件分のデータなので、高低については断言できるものはないでしょう。この活動に関する学生のコメントには、成績に関わらない活動なので気楽になんでも書けたというものがあり、授業を受講する立場だと多くのことが成績を意識しているのだなということが再認識されます。授業担当者としては、評定値が4.00が一つの基準かな、という程度には考えています。

　「Q4：フィードバックは必要である」(4.25)の解釈ではこの活動を続ける意味はまだありそうだという風に理解しています。書いたもののレスはすぐにでもほしい、というのは、Twitterでも以前からのSNSでの反応でも起きています。送って30秒以内に返事が来ないとイライラする、ということも何年か

前に言われました。認知がメディア化（＝デジタル化）しているということのように思いますし、身体もメディア化、デジタル化している部分でもあるでしょう。デジタルネイティブと言われるジェネレーション、1990年ごろ以降に生まれた人が増えていますから、このRSでのフィードバックとSNSでの既読、速返とは違って面白いことを投げかけるのもいいかもしれません。

「Q5：今後も続けてほしい」(4.13) については、このように聞かれて、やめてほしい、とも言えないでしょうから、さほど意味のある数値でもなさそうです。一応実践継続のお墨付きのような回答だと判断しておけばいいでしょう。おそらく、個別に教員が手書きで、2、3日以内に、という点が大学教育ではやや不思議であるようには捉えられているようです。

次に、5項目間の相関を見てみます (表1-3)。Q1–Q3 (.621)、Q1–Q5 (.618)、Q3–Q5 (.659) にやや強い相関が見られます。授業内容の理解と楽しんでやることにはやはり正の相関が見られるのは予想した通りです。担当教員として一番注目したのは、内容の理解と今後も続けてほしい、という相関 (.618) です。この数値がさらに高まるようなコメントや反応を心がけることで授業内容に興味を持ち、理解に取り組めそうだという風に理解できそうです。

次に幾つかの項目間の回帰、因果についてのパス図からの可能な解釈について言及します。

この数値でどこまで説明できるのかという効果量については、.434とそこまで高くはないのですが、このRSの活動を続けてほしいという目的変数（従属変数）に対して、楽しんで書いていたから、という説明変数がきていることは、.659という中程度の高さで確認できます (表1-4)。楽しいから続けてほしいというだけの分析には、その内容なども潜在的には入っているとは思える一方、手書きの文字、イラスト、つなぎの線などの描き方という印象や単なる指示効果のような要素も関わっていると思います。単に、書く方が楽しんでやっていたとも思えないので、描き方の一層の工夫というのは、どの学齢の学習者であっても、私も高校教員時代毎日行っていた当番日誌での返信から児童・生徒への連絡帳のようなもの、ひいては、保護者への連絡や報告な

表1-4：Q3→Q5の回帰分析パス図

表1-5：Q5→Q1の回帰分析パス図

どでもより工夫が必要なのかもしれません（楢原、2017）。

　効果量は（.382）とやや低く、偏回帰係数が.618と中程度の説明ができそうですが、内容理解に役立っていたということの説明に今後も続けてほしいということが来ているという点にはやや注目したいと思います（表1-5）。授業内容を理解する、理解を深めるということが、継続してコメントが来るという結果として内容理解につながっているという風に解釈すれば、継続してやり続けることの授業としての意味が見出せそうです。同時に、このRSは自由な活動でもあるので少ない回数で書いた学生にも継続性の授業としての意味が認識されているということであれば、継続的な動機づけを促すような書き方、表現、論理の展開、イラストなどの工夫というのは、どの学齢でも同様に必要であるような気がします。このことは、さらに第5章で触れたいと思います。

　効果量は（.474）と出て、内容理解に役立ったと思われることとして、楽しんで書いていたと今後も続けてほしいに関してのみ、有意確率（p値）＜.05でやや低い偏回帰係数.382、.346でした（表1-6）。楽しく継続してやることは内容理解に役立つであろうという推測はRSの活動を実施していて実感できるので、そのことがやや確認できたのかなとは思えます。

　効果量は（.375）、偏回帰係数が.621でした（表1-7）。楽しんで書くことで内容理解に役立ったという説明ができるのですが、楽しんで書くことに教員がどのように関わったのかということは自由記述の回答と併せて考える必要がありそうです。書くことは当然書く内容と連動しています。その日の授業での気づきや学びに関して書くことがあったということは、授業内容への関心やその学びの意欲が湧いたということにもつながりそうです。書くことが嫌

表1-6：Q2、3、4→Q1 の回帰分析パス図

表1-7：Q3→Q1 の回帰分析パス図

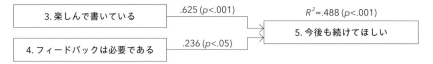

表1-8：Q3、4→Q5 の回帰分析パス図

になったり、苦手になったり、書くことを避けることがMC学では望ましくないことですから、まず楽しんで書けたということは、表現すること、発信することにつながる評価ではないかと思います。

　効果量は（.488）、偏回帰係数は、Q3（.625）、Q4（.236）でした（表1-8）。楽しんで書いていたのは高めでいいのですが、フィードバックの必要性は内容理解と同様にあまり今後も続けてほしいということの説明としては影響がないということです。少々理解がしにくいことですが、フィードバックの必要性は十分認めるが、それだからと言って理解が深まるとか継続してほしいということにはつながらないという解釈ができそうです。担当教員としては、フィードバックはRSでは、今後も継続して実施する予定なのですが、あくまでも独立した評価として書き進めれば良いということになるでしょう。但し、回答データが増えれば評価の観点に変容が見られる可能性もあるかもしれません。

次に、自由記述に関わる意見の言いやすさについての結果について記述します（表1-2）。質問は、意見の言いやすさについてです。

　以下の3つの中で、最も意見を言いやすかったのはどれでしたか。（回答数：77　未回答：8）

①クラス内発言　　　　　　　　　　　　　　　　　3名
②グループ内（主にZoomのBreakout roomの使用）　29名
③Reflection sheet　　　　　　　　　　　　　　　 37名

①の理由　としては、皆が聞いているので緊張感が良くも悪くも感じられたというものでした。対面式の授業との比較をしているようです。

②の理由　としては、一番多かったのは、人数が少ないから、ほとんどが4人程度の少ない学生同士での話し合いだったから意見が言いやすかった、というものでした（21件）。また、全員が発言できる環境であったという意見も少数ではありました。このbreakout roomの文科会での学生同士の話し合いには、教員は原則として訪問することはなく、たまにTAが突然行きますよ、というアナウンスをして訪問していました。ただ、グループになる前に、教員からは「戻ったらどのような議論だったのか、どのような結論が出たのか、報告してもらうのでspokespersonを決めておいてください。」ということはしばしばいうこともありました。また、戻ったら私が突然グループに問いかけることもちょくちょくあり、学生はそれなりの緊張感を持って、多少の世間話を含めて主要議論にも集中していたこともわかりました。グループになる前に課題を伝えておくことで、責任を持った議論ができていたということもわかりました。さらに、その分科会の時間を、ディスカッションの目的、内容と方向性により、3分、5分、10分というように適宜使い分けていたことも事実です。活動の内容と時間配分と課題などについては工夫して使い分けることによって、緊張感、学習効果というものも変化してくるだろうということははっきりと感じました。そして、そのことが②を選んだ理由に関わっていることもわかりました。グループディスカッション時にもvideo off

で話す学生もいたようですが、クラス全体のディスカッション時とは違い、明らかにvideo onで話す学生は多いようでした。

③の理由　個別に分類するのは難しいのですが、(考える)時間の確保ができる、(教員との)親近感が増す、フィードバックが必ず来る点という理由が多く特徴的でした。その他の理由としては、教員と1対1のコミュニケーションができる点、学んだことを言語化して確認することができた点、他の人の意見に気遣うことがない点、というのがありました。確かに一応紙媒体が介在するコミュニケーションなので伝わりの印象や感覚には話し言葉でのコミュニケーションが中心である②との違いは確かにあると思います。そして何よりもこの本で考える研究課題とも深く関係することとしては、時間経過という要素です。映像などにおいて今の学生の一定数は、倍速視聴世代ではあるのですが、全て速いコミュニケーションが良いという価値観でもなく、時により目的により、思考と省察という活動では、ある一定の時間経過に予想以上に価値を置くのだなということもわかりました。授業においては、話し言葉と文字、イラスト、映像などのコミュニケーションモードでは、学習状況により時にmulti-modal communicationが有効であり、時にmono-modal communicationが効果的であろうということにつながりそうです。

　自由記述問の2の「RSを書くことの意義」以降の学生コメントについては、文部科学省の高等学校学習指導要領を踏まえて、大学での授業改善(大学教育での言語活動、さらに対話活動への拡張)(前掲)につながりそうな意見を中心に幾つかのコメントを掲載します。

　学んだ内容の振り返りと(自分で書くことで理解の)アウトプットになっていた気がする

　自分の理解と先生の理解を合わせて考えられた

　自分一人の枠組みから離れて、柔軟な思考が得られた

　文字言語でやりとりをすることで理解が深まった

　教員がしっかりと読んでいることがわかってよかった

　相互的な授業の展開となった

表現はバラバラですが、個別のコミュニケーションが学習内容と連動して行われて理解を深め、広げることができたということに集約できそうです。個別指導というのは、オンラインでも対面でも、授業時間内では時間分割、授業空間分割の限界もありなかなか実践できないのですが、このようなRSのような活動で時間経過を適宜入れることにより、delayed feedbackの意味が確認できているとも考えられそうです。ただ、RSについては授業時間内には行わないということが配慮されていないと、クラス全体への指導という中での個別対応となる可能性があり、そこは不公平にならないようなやり方は大切だと思います。RSを書いた人の学びと書かない人の学びというのは一概に比較はできないでしょうが、自分の学びについて確認して書くことに意義を感じるということでそれが成績評価にはつながる活動ではないという了解は重要だと思います。個別に判断して今週は提出しない、あるいは今回は1行のみで終わりというsheetもそれなりにあるのでそれでいいと思います。強制はせずに書いたら何か得られそう、という程度の感覚でいいのかもしれません。

　自由記述問の3の「手書きで戻ってくる」ことについては、
　　手書き文字のコメントに親和性を感じている
　　時々よく見ないと読めない文字があった
　　手書き文字に親しみ（肯定感）を持っている
　　教員の情動的な面が手書きの文字に表れている
　　自分も手書きで書きたかった
　不思議にアナログの良さ、というコメントが多く挙げられていました。想像以上に学生が手書き文字に対して肯定的であり、自分も手書きで書きたかったということは印象的でした。また、私の文字や文章表現をもう少し読み手を意識して読みやすく、わかりやすくというコメントがあったことは反省です。色々なコメントを引き出すのも手書き文字というメディアです。大学教員も学生に訴えかける内容については、認知面のみでなく、情動面を多少意識して行うこともあながち悪いことでもなさそうです。教員の対面での授業中の言語活動においては多少そういう情動面が含まれるとは思いますが、オンライン式授業での視覚メディアを利用した対話コミュニケーションにお

いては、初等中等高等教育に関わらず、手書きの字体（このMC学でも字は絵であるということを伝えています）であったり、イラストや矢印などの線1本であってもちょっとだけ工夫が必要かもしれません。私自身、高校教員時代はそれほど強くは感じなかったのですが、書く内容ばかりでなく、文体や文字使い、敬体常体文の織り交ぜであったりも伝わる内容と情景（俳句におけるような「映える文字表現」?）も重要であると考えられます。描く立場としては、手書きだと文字がvisualに描けるので便利であり、自由に線でつなげ派生させたり、描く方向を自由に変えたりできるという視覚メディアの授業にも含まれる表現すること（representation）にもつなげられそうです。

　自由記述問の4の「担当教員のコメントに再度述べたいと思ったことはありましたか」については、半分ぐらいの回答が、<u>あります</u>、<u>時々あります</u>、ということでした。興味深い回答としては、次のRSで書けばよかったので気にしてはいませんでしたというコメントもありました。

　このRSの分析は定量的な面もそれなりに重要であるとは思いますが、一人一人が書いた文章をどこまで深く読み取れるのかということも大切であると思われます。オンライン＝デジタルという構図はそれほど強固なものでもなさそうですし、展開はまだまだ広がりそうです。例えば音声でのコメントを送るようなことや絵やイラスト、さらに俳句での授業評価も面白そうです。色（彩）で回答してもらうということもいいでしょうし、クラスには間違いなく絶対音感や共感覚を持った学生がいるのですから、そういう特色が生かされるようなやり取りも何か工夫をすれば更に面白く可能になるかもしれません。

5 今後の展望と課題

　本活動の根本には、「人はどのように学ぶのか」という根本的な問いと同時に、「教育活動のあちこちに改善、改革、探究する課題が埋め込まれている」ということの重要性が含まれています。それは、授業方法が対面式かオンライン式かという比較対立のようなものではなく、メディアを活用した、振り

返りという活動と対話コミュニケーション活動の即時性の教育課題です。本教育実践研究としては、学生とのやりとりにおいて、文部科学省の調査（2022）に表れているコロナ禍における学生の学びについての回答が参考になるかもしれません。オンデマンド型の授業（録画授業の視聴で進める方式）と同時双方向型の授業（Zoomを使用の本章で紹介しているような方式）を合わせて、学生の回答で、全体の30%〜40%が教員とのやりとりがしにくい、他の学生とのやりとりがしにくい、と答えています。本実践では教員とのやりとりの活性化の方法に関しては多少の風穴を空けられそうな気はしますが、学生同士のコミュニケーションは同時双方向型のオンライン方式の授業でも課題であると思います。今回の学生のRSに関する回答でbreakout roomの活用をさらに活性化させればある程度は改善できるかもしれません。また、グループでの協働作業を行うことでやりとりはもっと活発、活性化させられるかもしれません。私もグループワークはあれこれのやり方を試みていてその感触はある程度は肯定的に得られています。然るに、それはまだon-goingで模索中であることも間違いありません。例えば、RSのような活動でも、長年実施してきた対面式の授業では、学生も教員も双方手書きであり、イラストや絵も増えましたし、オンラインでのデジタル使用でもこれからも継続してReflection sheetを用いて、受講生とは対話活動を強制することなく、理想を言えば描きたくなるような対話を心掛けて授業内容や内容に関わることに興味や関心、学ぶ意欲をより多く持てるようになることが課題だと思います。そうなれば授業への積極的な参加も改善できるかもしれません。同時にオンラインでの協働作業についても、自分達で葛藤をしつつも映像制作活動で互いのコミュニケーションを構築することが報告されています（保﨑・冨永、印刷中）。

　教育は実践ですから、一つ一つ知恵を絞りつつ、背景理論の不足を埋めながら学習者にとって、そして教員にとってもより良い、より面白い授業展開へとまだまだ進められる余地があると思われます。

[参考文献]
• Jordi, R. (2011) eframing the concept of reflection: consciousness, experiential learning, and reflective learning. Adult Education Quarterly, 61(2). 181–197 DOI: 10.1177/0741713610380439 (http://aeq.sagepub.com〔10/11/2022〕).

- Masterman, L. (1980) Teaching the media Routledge.
- McLuhan, M. (1964) Understanding Media McGraw-Hill Book Company.
- Newbold, C., Boyd-Barrett & Buick, H. V. D. (2002) HE MEDIA BOOK. Arnold.
- Ogasawara, H. (1993) What is "visual"?: Toward the reconstruction of visual literacy concept. Journal of Visual Literacy. 18(1). 111–120.
- Pretorius, L. & Ford, A. (2016) Reflection for learning: teaching reflective practice at the beginning of university study International Journal of Teaching and Learning in Higher Education Vol. 28, No. 2, 241–253 (http://www.isetl.org/ijtlhe/〔11/15/2022〕).
- 河井亨・岩井雪乃・兵藤智佳・和栗百恵・秋吉恵・加藤基樹・石野由香里・島崎裕子 (2017)「複数クラス開講科目の授業リフレクション ―― 早稲田大学「体験の言語化」を事例として」『名古屋高等教育研究』(第17号) 245–265.
- 高等学校学習指導要領 (2018) 文部科学省.
- 香川県条例第24号 (2020) (https://www.pref.kagawa.lg.jp/documents/1150/wvl90x200716114340_f01_1.pdf〔11/1/2022〕).
- 清道亜都子・水野正朗・柴田好章 (2013)「生徒の主体的な学びを実現している教師の実践知」『日本教育方法学会紀要』(第38巻) 109–119.
- ゼックミスタ, E. B. & ジョンソン, J. E. (1996)『クリティカルシンキング ―― あなたの思考をガイドする40の原則 (入門篇)』(宮元博章ほか訳) 北大路書房.
- JACETバイリンガル研究会編 (2003)『日本のバイリンガル教育 ―― 学校の事例から学ぶ』三修社.
- 高橋浩太郎 (2022)「これからの全国学生調査について」大学IRコンソーシアム合同シンポジウム『あらためて学生調査について考える　講演資料集』文部科学省 (https://www.dropbox.com/s/dgtq62499086zxx/20221119%20%E5%90%88%E5%90%8C%E3%82%B7%E3%83%B3%E3%83%9D%E3%82%B8%E3%82%A6%E3%83%A0%E8%AC%9B%E6%BC%94%E8%B3%87%E6%96%99%E9%9B%86.pdf?dl=0〔11/30/2022〕).
- 中学校学習指導要領 (2017) 文部科学省.
- 鳥居明子 (2021)『大学のIRと学習・教育改革の様相 ―― 変わりゆく大学の経験から学ぶ』玉川大学出版部.
- 中島義明 (1996)『映像の心理学 ―― マルチメディアの基礎』(梅本尭夫・大山正監修) サイエンス社.
- 楢原ゆかり (2021)「日本語非母語者を対象とした小学校の学校配布プリントにおけるイラストに関する調査」(早稲田大学人間科学研究科修士論文) 231.
- 波多野完治 (1991)『映像と教育』小学館.
- 保﨑則雄・冨永麻美 (2022)「成績評価に含めない「振り返りシート」を利用した教員と学生の対話の実践と評価」『第28回大学教育研究フォーラム (於京都大学) 発表論文集』188.
- 保﨑則雄・冨永麻美 (2023)「創造性を創発し、協働での学びを育てる授業「Media Production Studies」のデザインと実践、その評価」『商学論集』福島大学経済学部 (印刷中).
- ポランニー、マイケル (2003)『暗黙知の次元』(高橋勇夫訳) 筑摩書房.
- カナダ・オンタリオ州教育省 (1992)「メディア・リテラシー」(FCT訳).

第2章

オンラインでの協働作業による映像制作において学びが生起する様相

1 はじめに

　学び手が自身の学習活動の選択肢と可能性を広げることができ、教え手は学習の機会を学び手に幅広く提供することができるというのは、オンライン学習の良さとしてはよく言われていることです。インターネットに繋がる環境があれば、学習者は時間や場所を柔軟に設定して学習を行うことが可能です。学習者自身に適した学習のペースで学びを進めることもできます。例えば、昨今では社会人の学び直しや生涯にわたる継続的な学びが注目されています。オンライン学習は、その特徴から社会人の学び直しや生涯にわたる学びの活動を後押しすると考えられます。学校教育においても、学習者個々の学習の進度や学習環境への適応などを勘案して、オンライン学習をその学習者にとって中心的な学習方法・学習環境として選べることが、今よりも当たり前になっても良いかもしれません。教師が学習者ひとりひとりの学習進度や学習到達度などに応じて指導を個別化し、学習者も自身の学習を調整するという個別最適な学びの必要性も提言されています（文部科学省中央教育審議会、2021）。授業実践の方法で見ても、完全オンラインもあれば、対面とオンラインを併用したブレンド型授業や反転授業も行われるようになり、オンライン学習の利用は授業の形態をも問いません。オンラインでの授業実践や学習効果などに関する研究は国内外で多数発表されています。その中でもCOVID-19のパンデミック以降の研究発表を見聞きしていると、授業をオンラインで行わざるを得なくなった状況での教え手側の困難もいくらか感じられます。オンライン学習の可能性として、学習者中心の学習や多様化する学習ニーズ、教育機会の拡充などに対して幅広く対処できることが挙げられます（ホーン・ステイカー、2017）。このような観点から注目されるオンライン学習の利点、オンラインに適した学習方法や学習内容などをさらに追究することができれば、今後、多様なニーズを持つ学習者の多様な学び方を支援することに、より一層効果的につながるでしょう。

　一方で、社会の諸変化が学びのあり方に変化をもたらしています。現在の21世紀社会は知識基盤社会（knowledge-based society）と呼ばれています。1990年代から普及したインターネットの発展に伴い、情報と知識のグローバル化が

進み、社会の仕組みは急速に変化し多様化しています。このような21世紀社会の中で求められる能力とは、幅広い知識と柔軟な思考力を用いて他者とコミュニケーションを図りながら創造する力である（文部科学省中央教育審議会、2005）とされています。また、継続的に学び、知識やスキルを高めたり新しく獲得したりすることができる、「生涯にわたって学び続ける力」（文部科学省中央教育審議会、2012）が必要とされています。教育現場においても柔軟な取り組みが必要であり、従来の知識伝授型ではなく、学習者参加型の授業形態や能動的な学習方法の重要性が盛んに議論されています。そこで、学習活動の1つの方法として学習者同士による協働作業をオンラインで実践する可能性を探ることは、現代の多様な学習者のニーズと社会的及び教育的なニーズの両方の観点でオンライン学習の充実を図ることに役立つと思われます。

　筆者は、2018年まで早稲田大学の人間科学部eスクールで学んでいました。eスクールは、2003年4月に開設された、授業を100%オンラインで受講し、卒業することができる、日本で初めての「オンライン上の学びのコミュニティ」です。課程の大部分が学習管理システム（Learning Management System；LMS）を使ったeラーニングで行われています（早稲田大学人間科学学術院長、2022b）。授業にはオンラインで受講し学び合うための様々な工夫がなされており、科目担当の教員と教育コーチによるサポートもあります。授業は原則1週間単位で進行され、オンデマンド式の講義ビデオの試聴、BBSでの議論と質疑、小テスト、レポート課題が行われます（早稲田大学人間科学学術院長、2022a）。LMSに設置されているBBSはeスクールの学生にとって学習活動の最も中心的な場になっていると言え、BBSで他者と意見を交流することで他の学生との関わり合いがなされるしっかりとした学びのコミュニティが形成されています（冨永、2018）。実際に、筆者のオンラインでの大学の学びは、他の学生や教員、教育コーチとのインタラクションもあり、大変充実していました。同時に、インターネットを介して他の受講生たちと学び合うことの限界を感じることもありました。今改めて思い返してみると、時間的、空間的な側面において制約がないオンライン学習にも、学習者同士で学び合うための方法や関係構築などに限界のようなものがあると感じていたと思います。当時は、学習者としてオンライン学習を実践しながら、オンラインで協働し

て学ぶということに対して興味と疑問を持って学んでいました。

　筆者はこれまでに仕事でも関心をもち、関わってきた高等教育における学修の場を対象にして、学習者が協働して学ぶということの重要性や意味を確かめたいと考えています。さらに、学習者同士で学び合う活動をオンラインで実践することの可能性とその活動のデザインを追求してみたいと考えるようになり、その後も大学で教育に関わり、学問や研究を続けて現在に至ります。このような興味から出発し、筆者は大学のメディア系の科目で、協働作業を軸にしたものづくりを実践する授業に関わることになりました。

2 教育実践の紹介

　本章では、大学の人間科学部で専門科目として開講されている「Media Production Studies」(以下、MPS) の科目の授業実践について紹介します。通学制の科目で、毎年、学部の1年生から4年生までの約20〜30名が履修しています。筆者は、2020年度からティーチング・アシスタント (早稲田大学では高度授業TAと呼び、普通のTAとは違い、より高度で深い授業での関わりをするTA) としてMPSに関わってきました。この科目は、受講生が実際に映像制作を行いながら、メディアに関連する様々な表現理論や背景理論などについて深く考え、究めて、メディア制作 (Media Production) について学ぶというものです (保﨑・冨永、印刷中)。受講生は映像表現の基本を学んだうえで、映像制作や映像表現などの実践的な活動を協働して行います (保﨑、2016)。実践的な活動を構成する「映像制作」、「協働作業」、「相互評価」を軸にして、さらに筆者がTAとして関わっている2020年度以降では「オンライン」を加えて、4つの軸で授業がデザインされています (保﨑・冨永、印刷中)。

　開講期間の前半7〜8回の授業では、毎週、書籍や論文などの文献または資料が提示されて、それを読むことが翌週の授業までの課題になります。多くは英語で書かれたものが選ばれています。受講生は、課題の文献、資料からメディアに関する理論と、加えて基礎的な制作技術について学びます。毎週の授業では、授業開始後の10分間で、課題の文献または資料の内容に関連する記述式の Quiz (小テスト) が行われて、課題の文献、資料を読んで学んだ知

識の確認をします（詳細は第3章で紹介します）。15週間の開講期間全体では映像制作を実践することに比重が置かれて、映像を制作するための様々な活動と実際の制作作業に多くの時間が充てられています。映像制作活動の時間は授業内に限定されることはなく、授業外に受講生主体で協力して取り組むことも求められています。

　本章の後半では、2020年度秋学期（2020年10月～2021年1月）に開講されたMPSの授業について調査し、分析したことを紹介しています。ここでは先に、そのときの授業の内容や実施方法などの概要を書きます（表2-1参照）。授業は毎週木曜日の2限に、1コマ90分間で開講されました。すべての授業回がリアルタイム式のオンラインで開講されることになり、ウェブ会議システムのZoomを使って実施されました。オンラインでMPSを実施したのは、2000年度から開講して以来、2020年度が初めてでした。受講生は、任意の場所からZoomに接続して、授業に参加しました。担当教員とTAも互いに異なる場所からそれぞれZoomに接続して、授業を行いました。担当教員とTAはもちろんのこと、受講生たちも、授業中は自分のビデオをオンにしている人がほとんどでした。特に指示されていた訳ではなかったと思いますが、そのときのクラスでは、作品発表やディスカッションを行う時間はビデオをオンにするという雰囲気が自然にありました。授業では、大学が利用しているLMSのMoodleも使いました。Moodleでは、担当教員またはTAから受講生への資料配布や連絡、作品、相互評価票、各UNITの振り返り票などの提出物の管理を行いました。

　授業外で行われる受講生主体の映像制作の活動も、オンラインを中心にして行われました。映像制作を行う過程で、受講生の判断により撮影が対面で行われることもありました。また、理論や技術を学ぶために文献や資料を読むことが課題として出されました。受講生は文献や資料から学んだ理論や技術を用いながら次の映像制作のプロジェクトにグループで取り組みました。なお、補足すると、通学制であることから前年度までは教室の中で対面式にて授業が行われてきましたが、2020年度は新型コロナウイルスの感染症対策によりリアルタイム式のオンライン授業の形式を取り開講されたという経緯があります。また、授業言語は英語（English Mediated Instruction；EMI）で設定さ

表2-1：2020年度の授業概要

科目名	Media Production Studies（専門科目ⅡB〔発展科目〕）
開講期間	2020年度秋学期、2020年10月〜2021年1月、木曜日2限（全15回）
対象学生	人間科学部1年生〜4年生（受講生27名） 英語の文献や資料を読み解いて理解し、応用できること。
担当教員 TA	担当教員1名（保崎） TA1名（筆者）
授業形態	リアルタイム式オンライン授業（ZoomとMoodleを利用）
授業の構成	UNIT 1: 2020年10月1日〜2020年10月29日（5回） 　　　　任意の1枚の絵または写真からストーリーをつくる（個人課題） 　　　　〈1回目のグループ分け〉 　　　　Project #1: 身近なもののCM、15秒映像（グループ課題） 　　　　Project #2:『すぎる』、音声のない30秒映像（グループ課題） UNIT 2: 2020年11月5日〜2020年12月3日（5回） 　　　　〈2回目のグループ分け〉 　　　　Project #3: 時事問題とパロディー、30秒映像（グループ課題） 　　　　Project #4:『あったら面白そう』、30秒映像（グループ課題） UNIT 3: 2020年12月10日〜2021年1月21日（5回） 　　　　〈3回目のグループ分け〉 　　　　Final Project: 自由テーマ、3分映像（グループ課題）
授業内容	映像理論の理解。映像表現、映像制作の活動を、協働的グループ作業によって複数回にわたって行う。
到達目標	①メディア表現、視覚表現、制作、メディア制作に関する基礎技術を学び、基本的な知識を身につける。 ②デザインされた資料や制作物を用いてプレゼンテーションする実践的な知識と技術を身につける。
評価方法	①出席とディスカッションへの参加 ②グループで制作した映像作品と絵コンテの提出及び発表： 　Project #1〜#4とFinal Project 　（いずれも1回目の制作と2回目のつくり直しの計2回） ③発表した映像作品の相互評価： 　Project #1〜#4とFinal Project 　（いずれも1回目の制作と2回目のつくり直しの計2回） ④UNIT振り返り票の提出：UNIT 1〜3の3回

早稲田大学情報企画部（2020年3月24日）『シラバス検索−シラバス詳細照会』の「2020年度Media Production Studies授業情報・シラバス情報」及び授業配布資料を参照し、筆者が作成

れ、受講生には授業中の発言や発表は原則的に英語で行うことが求められていました。2020年度はオンラインで行うことによる負荷が考慮されて授業言語は日本語に変更され、Moodleに掲載する授業関連の連絡は原則として英語

が用いられました。また、文献や資料は英語のものが多く用いられました。

　15週の授業は、5回ずつに分けた3つのUNITで構成されました。各UNITでは、グループ協働で映像制作に取り組むためのプロジェクトが行われました。UNIT 1とUNIT 2ではプロジェクトが2つずつ（計4つのプロジェクト）、UNIT 3ではFinal Projectがあり、毎回、トピックや条件が指定されていました。ただし、Final Projectではトピックは自由とし、各グループが独自に考えて制作しました。制作の条件には、3分の再生時間と、映像や音楽なども含めてすべて各グループのオリジナルで制作して著作権に触れないようにするという条件が設けられました。グループは、無作為に1グループあたり3名から4名ずつに分けて決めて、UNITごとにグループを替えました。

　映像制作の活動の流れは、1つのプロジェクトあたりの制作活動期間が2週間あり、1週目に1回目の制作と発表および相互評価を行い、2週目に同じトピックや条件で作品をつくり直して最終発表と相互評価を行います。制作は1回目と2回目ともに授業外の1週間の時間を使って行い、グループごとに受講生主体で活動して1つの映像作品を制作します。2020年度の授業では、Zoomで画面共有をしながら全員同時に作品を視聴しました。視聴後、受講生は、映像作品の評価票を記入し、その後作品を振り返りながら全員でディスカッションを行いました。相互評価票は授業終了後にMoodleで回収し、発表の翌日に各該当グループへTAからメールで返却しました。このような流れを繰り返して、グループでProject #1〜#4とFinal Projectに取り組みます。ただし、Final Projectの制作活動期間は、1回目は3週間、つくり直しは2週間かけて行われます。

3 理論的な背景

　学習者同士の協働による学びについては、坂本（2008）も述べているように、学習者が主体となり協力して行われる学習目標や課題の達成に到達するまでの過程が重要であるとされます。複数の学習者の協働による学び（collaborative learning）では、学習目標や課題の達成までに経験する過程の全体が学びになります。そこで行われる協働作業は、その複数の学習者が、経験・文化・所

属などのバックグラウンドや知識、スキル、価値観などが異なる他者ととも
に、対等な関係を基本にしつつ1つの学習目標や課題の達成に向けて働くと
いう活動です。要するに、学習目標や課題の達成に到達するかどうかや、ど
のような成果が得られたかということよりも、学習者は自身の知識や能力を
使いながら他の学習者たちと協力し合い、また、協働することによって生じ
る様々な問題を克服していくという活動とその過程での学びが重視されます。

　学び手は学習者に限定されることはなく、例えば大学の授業であれば受講
生（学習者）と教員・TA（教師）の両者が学び手になって協働して学ぶというこ
とも考えられます。学習者の知識や質問、疑問を起点として学習者の主導で
学びが進められ、必要に応じて教師が踏み込んで教授したり、学習者からも
自身が持つ知識情報をクラスに提供したりして、クラス全体では学習者と教
師が相互に教え学ぶ場（高澤、2015）として、協働による学びが展開されます。
「学習」を、「人間が社会的に知を構成していく協働実践」であるとして、人
間の社会的あり方（学習者の存在論）として見立てて、教育とは独立した営みと
した捉え方があります（広石、2006）。他方で、学習者のコミュニティの中で行
われる様々な学びの活動はレイヴとウェンガー（1993）が提唱する「状況的学
習（situated learning）」であり、共同体へ参加する過程で個人の認知やアイデン
ティティが継続的に変容するとも捉えられます。

　協働による学びの場においては、複数の学習者でグループメンバーが組ま
れることにより、協働作業の成り行きはグループによって変動するという側
面があります。グループ全体をまとめたり引っ張ったりする役割になる人が
現れると協働作業が促されます。多様な意見や意見の不一致から生じる緊張
状態に抵抗を感じたり、「ほとんど参加しない人」または「参加しすぎる人」
がいてグループの中に「参加の不平等」が生じたりすると（Barkley, Cross &
Major, 2009）、協働作業は停滞するでしょう。協働作業がうまくいかないグルー
プは、たとえ課題が進まなかったり協働作業をするうえで生じた問題の解決
に時間がかかったりしたとしても、学習者たち自身でこの問題を解決する方
法を探し、解決するためにかけた時間が、問題解決に必要なスキルの学習や
練習の機会になります（Barkley, Cross & Major, 2009）。したがって、促進と停滞の
いずれの場合であっても、学習者自身で取り組む状況であれば、協働作業を

行う過程のすべてが学習者にとっての学びになるということです。

　このような協働による学びをオンラインで実践するうえで、学習者同士のオンラインによるコミュニケーションが重要なポイントの1つになると考えられます。オンライン・コミュニケーション特有のスキルの要素としては、送り手の役割を果たす「記号化」、「感情的表出」、「非文字表現」と、受け手の役割を果たす「読解」、「推察」があります（石川、2018）。そして、日常社会的スキル及びコミュニケーションの基本スキルが高い大学生や大学院生は、オンライン・コミュニケーションのスキルも高い傾向にあることが確認されています（石川、2018）。また、LINEのチャットを使ったコミュニケーションの特徴としては、例えば、①トーク画面上の自分と相手の発話が同じ吹き出しの形状で表示され続けることによって継続的につながっている感があり、会話の前置きなしに用件を一気に送ってもても違和感はない、②伝達情報を小分けにして送信すると合間で相手が返答する場合があり、対面でのコミュニケーションのように会話の往復が増えれば、互いの返事のタイミングがずれて話が複雑になったり、かえって相手の不安を誘発したりすることがある、などの点が考えられます（三宅、2019）。このようなチャット特有のオンライン・コミュニケーションに必要なスキルは、普段から日常的にチャットを利用している大学生の学習者たちであれば、すでに日常の中で一部を身についていると考えられます。ただし、チャットのような、文字を媒体とする「文字言語」（三宅、2019）によるコミュニケーションの場合、対面による会話と同様の展開が不可能とまでは言えませんが、例えば対面による会話で話すのと同じように文字にして書けば、曖昧さが生じて相手には具体的に伝わらず（亘理、2021）、一方で上記に挙げたように前置なく一気に用件中心の発話が行われれば（三宅、2019）、共有されていない文脈があったとしてもその問題を見過ごして曖昧な情報の中で話を進めてしまう（亘理、2021）ということもあると考えられます。オンラインでのコミュニケーションが問題なく取れていると思っていても、実際には意思疎通のうえで何らかの齟齬が生じていたり、コミュニケーションがうまくいかなかったりする可能性があると考えられます。この問題点に関して考えてみると、音声を媒介とする「音声言語」を用いた音声通話またはビデオ通話を利用してコミュニケーションをすることで

解消されるのかもしれません。とは言っても、グループ交流型の授業では場の発言は複雑かつ流動的であり、言葉の不足を補う非言語情報はビデオを介したコミュニケーション (Video-mediated Communication：VMC) では伝わりにくいという特性があります (藤本、2019)。対面と同様のやり方では相手に上手く伝わらず、オンラインでの「やりにくさ」を感じることにつながります (藤本、2019)。非言語情報の「伝わりにくさ」による活動の「やりにくさ」は、授業に限らず人同士の様々な作業に当てはまるのではないかと考えられます。このような「やりにくさ」を解消する工夫が、オンラインでの協働作業を行ううえでは必要になるでしょう。

これまでに挙げた点からも明らかであるように、オンラインによるコミュニケーションに特有の会話の流れと必要なスキルがあります。そうではあるものの、コミュニケーションは、オンラインであっても対面であっても人と人による活動です。好き嫌いややりたいことを通じて自己表明したり他者を理解させようとしたりするよりも、自身の状況や知識、経験を共有することで会話の内容が深まり、意味のあるものとなります (亘理、2021)。また、自分も相手も会話の中で認められ、理解、共感されることによって互いの関係性と自他の個別性が尊重されて (亘理、2021)、学習者同士の協働においては互恵的関係を築くことができるのでしょう。そのようなコミュニケーション形成と関係構築が行えるように、オンライン特有の会話の流れと必要なスキルを駆使することが、オンラインでの協働による学びを成立させるための重要な基盤になると考えられます。

4 収集データから見えること

1 受講生へのインタビュー

　MPS の授業では、受講生によるグループでの映像制作は授業外の時間を使って行われていますので、その活動の様子を教員やTAが見ることはありません。そこで、授業の最終日と開講期間終了後に任意の参加希望者の募集を呼びかけて協力を求めて、半構造化面接法を用いたインタビュー調査を実施しました。TA1名 (筆者) がインタビュアーになり、ウェブ会議による個人イ

ンタビュー形式で行いました。ウェブ会議システムは、Zoomのビデオ通話機能を利用しました。インタビューの記録は、調査対象者からの同意を得て、Zoomの録画機能と予備として携帯端末のボイスメモアプリを用いて録画・録音しました。受講生1人あたりのインタビューの所要時間は、5分程度の説明を含めて1回30〜40分程度でした。

2 発言の分類

　ここでは、調査対象者の受講生5名それぞれの発言をMPSの授業を構成する4つの要素（＝軸）に分類して、キーワード（またはキーフレーズ）を抽出し、その件数をまとめました。その結果を示した表2-2では、受講生ごとに発言件数が最も多かった構成要素の数値を太字にしています。

　受講生A〜Eの5名全員の傾向としては、「Ⅱ.協働作業」について最も多く発言され（キーワード及びキーフレーズ数：266）、次いで「Ⅲ.映像制作」が多く発言されていました（キーワード及びキーフレーズ：数172）。また、「Ⅰ.オンライン」についての発言（キーワード及びキーフレーズ数：143）は、「Ⅳ.相互評価」についての発言（キーワード及びキーフレーズ数：119）よりも多くありました。

　受講生別に見ると、受講生A・B・D・Eの4名は、「Ⅱ.協働作業」についての発言が最も多くありました。受講生Cは、「Ⅲ.映像制作」についての発言が最も多くありました。また、受講生A・B・Dの3名は、「Ⅰ.オンライン」についての発言数が、「Ⅱ.協働作業」についての発言数よりもわずかに

表2-2：キーワード・キーフレーズの出現数

受講生	構成要素			
	Ⅰ オンライン	Ⅱ 協働作業	Ⅲ 映像制作	Ⅳ 相互評価
1. 受講生A	33	**47**	29	29
2. 受講生B	32	**63**	25	17
3. 受講生C	32	44	**58**	44
4. 受講生D	20	**33**	21	6
5. 受講生E	26	**79**	39	23
（合計）	（143）	**（266）**	（172）	（119）

多いという結果でした。

　これらの結果から、受講生たちは「協働作業」への関心が非常に高いこと、また、授業の学習内容である「映像制作」にも高い関心があることが示唆されます。受講生間で比較すると、受講生A・B・Dの3名は、オンラインで協働作業や映像制作を行なうことについて意識する場面が多く、「オンライン」、「協働作業」、「映像制作」の3つに対して同程度の関心を向けていたのだろうと推察されます。そのことは、インタビューでのそれぞれの発言内容に確かに表れていました。クラスのみんなも同じようにオンラインで制作しているので、作品発表を通じて他の受講生たちのオンラインでの取り組み方や工夫を知ることも楽しんでいたようです。受講生Cは、「映像制作」の方により関心を向けていたことが示唆されます。実際に、受講生Cは、授業中に行われた作品発表後のディスカッションでは毎回積極的に発言していました。映像の編集方法や映像表現、人間の感性との結びつきなどに興味をもって意見や質問をしていたそうです。また、インタビューでの受講生Cの発言は、オンライン授業で実施されるという状況を受け入れて、「オンライン」で行うことに肯定的でした。コミュニケーションの取り方においては物足りなさを感じていたものの、一番関心をもっていた「映像制作」を行ううえでの問題はほとんど感じていなかったようです。映像制作においては、人間の感性にどう訴えかける表現を映像で行うことができるかを考えようとしていたと語っていました。受講生Eは、「協働作業」により関心を向けていたことが考えられます。グループメンバー間の良好な関係・雰囲気づくりや、楽しくグループ活動を行えるようにすることを考えながら、グループに関わろうとし、発言していたことが、様々に語られていました。

3 オンラインの映像制作における学びの構造

　受講生5名のインタビュー中の発言を、木下（2020）による修正版グラウンデッド・セオリー・アプローチ（M-GTA）を用いて分析しました。M-GTAは、分析において切片化せずにコーディングして分析し、複雑な現象を「うごき」として表現してその構造を解明することを目的としています（木下、2020）。M-GTAによって受講生のインタビューを分析し、4つの軸で構成されるMPS

表2-3：インタビュー結果の分類の記述様式

レベルを示す	結論	▭
	意識・行為	▭
	状態・現象	⬚
	レベル間の因果	➡
レベル内の関係性を示す	意識・行為カテゴリー （※カテゴリーは複数の概念の集合）	▭
	状態・現象カテゴリー （※カテゴリーは複数の概念の集合）	⬭
	最小概念	⬮
	各主要概念内の最小概念または カテゴリーの間の因果 （※線の太さは影響力の強弱を表す）	→
その他	他の主要概念につながる因果	⇢

でのオンライン上の動的な学びがどのような構造で成り立っているのかを確かめることを試みました。

　前節までは、授業の軸・構成要素として紹介していた「オンライン」、「協働作業」、「映像制作」、「相互評価」を、ここでは主要概念と捉えています。主要概念としたのは、それぞれが単なる手段や方法、活動、作業、行為などを表しているのではなく、例えば「オンライン」であればMPSでの様々な活動においてオンラインに関連して生じ、受講生の学びに影響している事象を検証しているからという意図があります。分析した結果、4つの主要概念の構造と、主要概念間のつながりで生じている上位概念及びその構造が抽出されました。各主要概念の構造を図示するために共通に用いた記号それぞれが表す意味は、表2-3のとおりです。

　受講生のインタビューを分析して見出された、MPSにおける各主要概念に関する学びの構造を説明します。以下では、□は主要概念の中心的概念（以

下、結論とする）、【　】は結論までの意識・行為または状態・現象に関するレベル、〔　〕は上位概念、〈　〉は最小概念、『　』内は受講生のインタビューでの発言を示しています。

　主要概念Ⅰ「オンライン」の土台となる状態・現象として【流動的な4つの隔たりの継続】があり、中間で作用する意識・行為の【オンラインに応じた方法の選択と工夫】、結論につながる意識・行為の【オンラインによるやりにくさを乗り越える】があります。隣り合うレベル同士が繰り返されながら昇華していくことによって、 結論：オンラインを意識しなくなる に到達するという構造になります（図2-1）。

　まず、オンラインの属性として、〔時間的隔たり〕、〔物理的隔たり〕、〔心理的隔たり〕、〔参加意識の隔たり〕があります。これら4つの隔たりがオンラインでの活動において継続的に存在しており、コミュニケーションが取りにくく（〔コミュニケーションの活性化困難〕）、協働作業がうまく進まない（〔協働作業の停滞〕）、課題を達成することが困難になる（〔課題の達成困難〕）といった問題に繋がります。〔時間的隔たり〕は、協働作業を行ううえでのコミュニケーションを滞らせます。MPSのグループ活動においては、特にチャットを利用している場面でその支障を感じています。受講生たちはグループ活動の開始とともに、オンラインのコミュニケーションツールとして日常的に使い慣れているLINEやSlackなどのチャットを選んで、連絡や話し合いを始めるようです。実際にやり取りを始めてみると、メッセージの確認や返信にはグループメンバー間での時間差が頻繁に起きてグループ活動の進捗が遅れたり（〈チャットでの進捗遅延〉）、映像制作のための込み入った話し合いをするには文字中心のチャットでは意思疎通が困難になったりします（〈チャットでの意思疎通困難〉）。このような問題を伴う〔時間的隔たり〕は、〔心理的隔たり〕に強く影響を与えます。〔心理的隔たり〕があることで、グループメンバーに対する〈遠慮〉が生じたり、グループでの連帯感や共感を強くすることが困難になったりします（〈連帯感・共感の強化困難〉）。例えば、役割分担をして映像制作に必要な作業を非同期で分業していると、出来上がったもの（素材やパーツ）を互いに見せ合ったときに、相手が作業し制作したものに対して意見が言いづらくなります。『自分がこうした方がいいなって思っていても、もう完成し

図2-1：主要概念Ⅰ「オンライン」の学びの構造
(冨永・保﨑、2023、p.36 に加筆したもの)

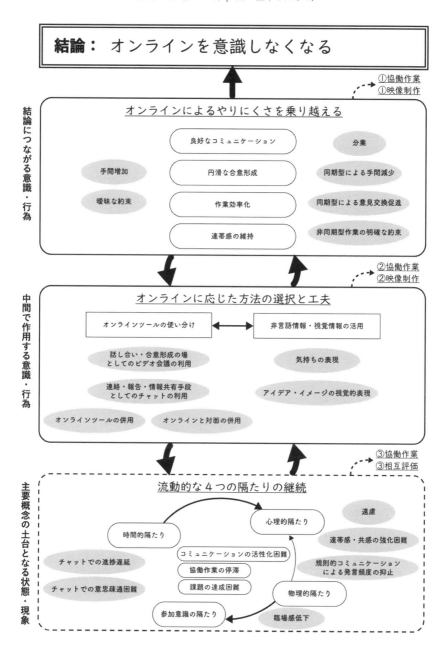

ちゃったから言いづらいっていうのがある』（受講生D）という心理になります。一方で、分業中に、作業の途中段階で一部でもグループメンバーで同期して行うと、『その場で変えることができるんで、思ったことをすぐ言えるって感じがしました』（受講生D）というように〈遠慮〉が軽減され、グループメンバーの制作物に対して意見しやすくなります。このような〔心理的隔たり〕によって生じる問題の要因になるのが〔物理的隔たり〕です。オンラインの音声通話システムを介したコミュニケーションの特徴とも言えると思いますが、オンラインの場合、言葉のかけ合いによってコミュニケーションが活発になることはかなり困難です。授業で言えば、対面方式の場合は、誰か１人が発言している間であっても、周囲の人と少し言葉を交わすことが可能です。しかし、オンライン方式の場合は、常に発言が一方向となるため、クラスで誰か１人が発言している間は、他の全員がその１人の発言を聞かなければならない状況になります。（仮に同時に２名以上が発言したら、スピーカーから流れてくる複数人の重なった音声を聞き取れないか、音声が乱れてしまうという、機械上の問題とも言えるでしょう。ただし、別のオンラインのコミュニケーションツールを使えば、例えば個人的にテキストメッセージを送れば、一言二言を共有するということはできますが。）このような状況が、意見があったとしても伝えることは〈遠慮〉しようという心理にさせます（〈規則的コミュニケーションによる発言頻度の抑止〉）。このような〔物理的隔たり〕は、〔参加意識の隔たり〕に強く影響を与えます。特に授業中においては、〔物理的隔たり〕があることで、受講生の中から授業という場にいる感が薄れていきます（〈臨場感低下〉）。〈臨場感低下〉は、〔参加意識の隔たり〕にも結びつきます。主に授業中のこととして語られていましたが、例えば、Zoomのウェブ会議によるビデオ通話中に、カメラは付けていても自分側のマイクを切れば『誰かが話していて、自分は別の場所（にいる）』（受講生A）という感覚（〈臨場感低下〉）になります。つまり、話している人とマイクを切って聞いている人との間に〔参加意識の隔たり〕が生じています。このような４つの隔たりが継続する中で、活動の場面ごとに生じる様々な問題に対処できないと、〔コミュニケーションの活性化困難〕、〔協働作業の停滞〕、〔課題の達成困難〕という問題が生じ、オンラインでの活動ははかどらないどころか停滞してしまうことが考えられます。また、これら４つの隔たりは、作

業内容や受講生の意識などに応じて作用する程度は流動的であり、オンラインで活動する状況に伴って継続します（【流動的な4つの隔たりの継続】）。

　このような【流動的な4つの隔たりの継続】があるオンラインの状態で協働による活動を行うには、【オンラインに応じた方法の選択と工夫】をすることが重要になります。前述のとおり、受講生たちはオンラインで活動する中で生じる様々なやりにくさを敏感に感じ取っています。同時に、4つの隔たりによってコミュニケーションや活動に支障が出てきます。そこで、受講生たちは、活動しながらそのやりにくさに対処しよう、または、やりにくさを解消しようとして、〔オンラインツールの使い分け〕や〔非言語情報・視覚情報の活用〕をするという工夫を考え出して実践していました。グループメンバーと連絡を取り、話し合いを進めるときには、最初は日常的に使い慣れたLINEなどのチャットを使いますが、〔時間的隔たり〕による問題が生じて活動がなかなか進まない、ということが起こります。そこで、受講生たちはコミュニケーションツールをウェブ会議システムに切り替えて、ビデオ通話を試みます（〈話し合い・合意形成の場としてのビデオ会議の利用〉）。ウェブ会議を行うほどの伝達内容ではない場合は、チャットを使ってやり取りします（〈連絡・報告・情報共有手段としてのチャットの利用〉）。このようにして、受講生が試行錯誤しながら、作業目的やグループメンバー間での伝達内容に応じた〔オンラインツールの使い分け〕を行います。他にも、ウェブ会議によるビデオ通話とチャットを同時に使うという工夫をしたグループもあります（〈オンラインツールの併用〉）。グループメンバー同士でアイデア出しをするときに、ビデオ通話で話し合いながら、チャットを使ってそれぞれのアイデアを送り合い、グループメンバー全員が同時に画面上の文字を見ながら一緒に検討することが行われていました（受講生D）。オンラインという形態に応じて、ブレインストーミングの方法を転換させていました。映像制作の活動においては、授業のハイフレックス方式（対面式授業をオンラインでも配信して、対面でもリアルタイムのオンラインでも同じ授業を受講できる）のように、〈オンラインと対面の併用〉という方法を使ったグループもいました。対面で集合して撮影をすることになり、対面で参加できないグループメンバーはウェブ会議で同期して撮影に参加するというやり方です。MPSの授業自体はオンラインによる実施を前提

として行われていますが、グループの話し合いの中で対面して作業をしよう
となることもあり、その場合に、事情によって対面での参加ができないグ
ループメンバーがいることがありました。グループメンバーの中に、オンラ
インでの作業には参加しているけれどグループ活動の重要な一部になる対面
の作業に参加することができないという人がいると、オンラインと対面の両
方で参加したグループメンバーには対面で不参加になった人の参加意欲が伝
わりにくいということが生じるようです（受講生C）。本当は、対面に参加でき
なかった人も意欲的であったと思われます。対面でグループ活動を行なった
ときの参加・不参加は、グループ内での誤解や、対面で不参加になった人の
疎外感に繋がります。このことは〔心理的隔たり〕に起因していると考えら
れます。あるグループでは、発想の転換によって「同期」することを重視し
て〈オンラインと対面の併用〉を行うことが解決方法として用いられていま
した。また、オンライン上でのコミュニケーションには心情やイメージが伝
わりにくいという特徴があります。それはチャットでもビデオ通話や音声通
話でも言えます。受講生たちは伝わりにくさを実感しながら、その問題を解
消するために〔非言語情報・視覚情報の活用〕が役立つことを考え出します。
チャットでの文字によるメッセージでは例えば「!」の記号を多用したり、ビ
デオ通話では頷きや笑顔などのリアクションを意識して表出したりして、意
識的に気持ちを表現します（受講生E）。映像制作においてはアイデアやイメー
ジの具体的かつ詳細な共有が重要になります。会話でもテキストメッセージ
でも、「言葉」だけで説明して自分のアイデアやイメージを相手に伝達するこ
とには限界があります。それを受講生たちは、グループで映像制作を進めな
がら実感します。そこで、自分が思い描いているアイデアやイメージに近い
画像を探したりイラストで描いたりして、チャットで送信したりウェブカメ
ラに映したりして見せることで、相手に一気に伝わりやすくなり、共通理解
を得ることができます（受講生A）。

　【オンラインに応じた方法の選択と工夫】をすることで、【流動的な４つの
隔たりの継続】がある中でのグループ活動でも【オンラインによるやりにく
さを乗り越える】ことができます。それは〈分業〉、〈同期型による手間軽減〉、
〈同期型による意見交換促進〉、〈非同期型作業の明確な約束〉がなされ、〔良

好なコミュニケーション〕、〔円滑な合意形成〕、〔作業効率化〕、〔連帯感の維持〕が成立していることに表れます。しかし、【オンラインに応じた方法の選択と工夫】を行なっても、活動する過程で、分業して作った素材や編集後の作品をグループメンバーにオンラインで送り共有するためにデータ変換を行うなどといった細かな手間が所々で生じたり（《手間増加》）、作業の分担や期限に対してグループメンバー間での約束が曖昧になされたり（《曖昧な約束》）することがあります。それらが度重なると作業やグループでの活動に支障が出てしまい、【オンラインによるやりにくさを乗り越える】ことはできません。また、【オンラインに応じた方法の選択と工夫】と【オンラインによるやりにくさを乗り越える】ことは毎週の活動の中で繰り返し行われます。さらに、次の課題に移ったときや、グループ替えをした次のUNITの課題でも繰り返されます。したがって、【オンラインに応じた方法の選択と工夫】によってオンラインであることによって生じるやりにくさを乗り越えられたときに、受講生の中でもグループの中でもそれが経験に基づく1つの知恵になり、受講生自身とグループの中に蓄積されます。つまり、【オンラインに応じた方法の選択と工夫】と【オンラインによるやりにくさを乗り越える】の2つの繰り返しは、毎回同じ経過をたどる訳ではなく、その繰り返しの積み重ねによって【オンラインに応じた方法の選択と工夫】が向上し、より上手く【オンラインによるやりにくさを乗り越える】ようになっていくと考えられます。そして、【オンラインによるやりにくさを乗り越える】ことができた先には、 オンラインを意識しなくなる という現象が受講生の中に生じます。やりにくさを感じたり、活動するうえでオンラインであることを問題に思ったりすることがなくなる、つまり、受講生にとって学習活動の場がオンラインであることが当たり前のこととなった状態です。

　主要概念Ⅱ「オンライン」の土台となる状態・現象として【グループ内の相互作用】があります。中間で作用する意識・行為の【グループの体制づくり】及び結論につながる状態・現象の【協働することで制作活動が充実し作品が向上する】が繰り返されることによって、 結論：協働作業による経験と学びに充足感を得る に到達するという構造になります（図2-2）。

図2-2：主要概念Ⅱ「協働作業」の学びの構造
(冨永・保﨑、2023、p.34に加筆したもの)

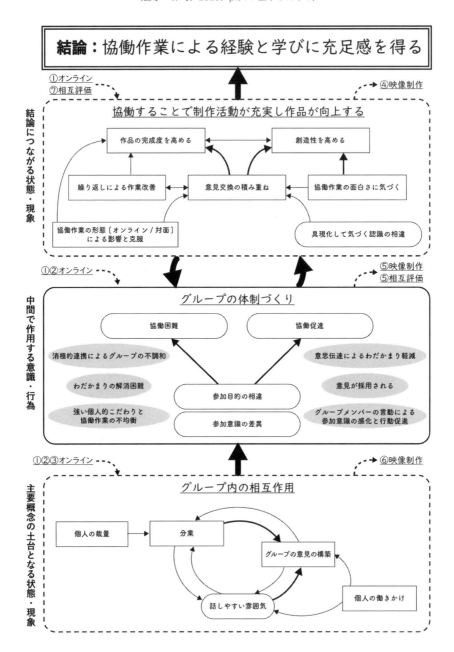

グループでの協働作業が成立するか、協働作業の状態がどうであるかは、〔話しやすい雰囲気〕、〔グループの意見の構築〕、〔分業〕が相互に繰り返し影響し合い、【グループ内の相互作用】に起因します。目的を達成するためにはグループの意見を構築することが必要です。グループメンバー間で〔話しやすい雰囲気〕が築かれているか、役割分担をして〔分業〕が進んでいるかが、〔グループの意見の構築〕の成立に強く影響します。また、グループメンバーひとりひとりが何らかの「行動」を伴って積極的に活動に関わろうとする〔個人の働きかけ〕があるかどうかということも、〔グループの意見の構築〕の成立に関係します。例えば、グループ活動が開始されて、グループメンバーの誰かが最初の行動を起こすための「一声をかける」ということが、重要な〔個人の働きかけ〕となり得ます。グループリーダーを決めた場合や、先延ばしが嫌いな人がいるという場合には、その人が第一声を発したり計画を立てて提案したりするので(受講生A、受講生C)、グループ活動の開始にはあまり問題になることはありません。一方で、グループリーダーを決めずにいたり、最初の「一声をかける」人がいなかったりすると活動が開始されず、グループメンバーそれぞれでは作業が進んでいないことに焦りを感じていても何もしない状態が続きます。その後、締め切りの直前になって慌てて、それぞれのよいタイミングで連絡を取り始める(受講生A)ということが起こります。〔分業〕によって行われる作業は、その作業を担当することになったグループメンバーの〔個人の裁量〕が反映されることになります。各々が担当の作業を進める中で、自分ひとりで考えて進めるのか、他のグループメンバーの意見も聞いて作業の中に取り入れようとするのか、といった点も〔個人の裁量〕になります。

　【グループ内での相互作用】がどのように働くかによって、【グループの体制づくり】が整えられていきます。グループメンバーの間やクラスの中には〔参加目的の相違〕や〔参加意識の差異〕が存在し、受講生は互いに感じ取っています。MPSの授業を履修しようと思った理由は受講生によって様々で、〔参加目的の相違〕に繋がります。また、受講生間で、様々な理由から授業や協働作業への関わり方に違いがあり、〔参加意識の差異〕として現れます。〔参加目的の相違〕と〔参加意識の差異〕は、協力的で一体感のあるグループを

築いて協働が促進されるか（〔協働促進〕）、グループメンバー間での協力体制が整わず協働することが困難になるか（〔協働困難〕）に繋がります。グループ活動では、〔参加目的の相違〕や〔参加意識の差異〕があることでグループメンバー間で互いの状況や考えが共有されていないことが多くしてあり、何らかの「わだかまり」が生じやすいです。例えば、グループメンバーの誰かが担当の作業を完了することができず、締め切り直前に他のグループメンバーが交代して作業しなければならなくなったときに、交代して作業した人は苛立ちの気持ちとともに急いで対処するということがあります。そうであっても、事後に感謝や作業を完了できなかった事情・理由を伝えられると、交代して作業をした人の苛立ちは和らぎ、頑張って終えられてよかったという思いになります（受講生B、〈意思伝達によるわだかまり軽減〉）。グループメンバー間で気持ちや考えが共有されることが、わだかまりが生じた後の次の作業における〔協働促進〕の要因の1つになります。他にも、受講生は学習内容に対する興味と意欲をもって授業を履修しています。受講生それぞれに学ぶ目的があり、つまりは〔参加目的の相違〕があるということです。課題に対して「やってみたいこと」やアイデアをそれぞれが持っており、グループで作品を作るために1つに絞っていくと誰かのアイデアが作品に反映されないということも起こり得ます。これは、アイデアが採用されなかった人の参加意欲の低下や離脱につながってしまうことがあります（受講生B）。言い換えると、グループ活動において〈意見が採用される〉ことは、自分の意見が反映された作品が出来上がるという満足感とグループへ貢献できたという達成感になり、協働作業へ参加する動機づけになります。グループメンバーそれぞれの動機づけが高まっている状態は〔協働促進〕をもたらします。反対に、グループとして活動しているはずが、グループメンバー間での連携がうまく取れなくてグループ内で不調和が生じたり（〈消極的連携によるグループの不調和〉）、グループメンバー間で生じたわだかまりを解消することができなかったり（〈わだかまりの解消困難〉）すると、〔協働困難〕の状態になります。グループメンバーの中に個人的な強いこだわりや、やりたいことがあると（〈強い個人的こだわりと協働作業の不均衡〉）、グループで1つの作品を作ろうとする活動には不向きだと言えます（受講生E）。この場合も〔協働困難〕の状態に繋がります。

よい【グループの体制づくり】によって〔協働促進〕が引き起こされると、【協働することで制作活動が充実し作品が向上する】という状態になります。受講生たちは、制作した作品の出来栄えや制作したことへの満足感という主観的評価と、授業中の相互評価の内容という客観的評価の両方によって、【協働することで制作活動が充実し作品が向上する】ということを実感していきます。その過程でグループメンバー間の〔意見交換の積み重ね〕が行われることが重要な契機になります。グループで映像制作を行なっていると、話し合いをしてイメージを共有できたと思っていても、その後、実際に分業して素材やパーツを制作したり１つの作品を一通り仕上げたりしたときに、自分がイメージしていたものとは違う仕上がりになっていて、実は細かい部分で各々がイメージしていたものに違いがあったことに気づきます（受講生B、受講生E、〔具現化して気づく認識の相違〕）。グループメンバー間で認識に相違があることは、作業や作品の出来栄えがうまくいかなかったときにはそのズレを調整する作業も必要になり、面倒で手間のかかる問題だと言えるのですが、その相違が、グループメンバー間で〔意見交換の積み重ね〕を行うことに繋がります。また、作業上、オンラインで行うための手間がかかったり（受講生B）、対面する機会を得ることでグループメンバー間の親近感が向上してその後の協働作業が促進したりするということが繰り返されます（〔協働作業の形態［オンライン／対面］による影響と克服〕）。このような状況もまた、グループメンバー間での〔意見交換の積み重ね〕を促します。試行錯誤しながらも協働作業を繰り返し行っていると、受講生たちは〔協働作業の面白さに気づく〕ようになります。複数人で協働して作品を制作することや、多様な意見や分業して出来上がった素材やパーツを少しずつ繋いだり組み合わせたりしてつくり上げることで、自分ひとりでは想像がつかない展開と結果が生まれるという気づきが生じて、そのことに面白さを感じるのです（受講生E）。したがって、グループメンバーみんなで行おうという思いがさらに高まり、〔意見交換の積み重ね〕を行うことの重要性を感じ取るようになります。〔意見交換の積み重ね〕と〔繰り返しによる作業改善〕はグループ活動の中で反復して行われます。この２つの繰り返しによる作業は〔作品の完成度を高める〕ために重要で、必要です。分業している間もグループメンバー間で連絡を取り合い、互

いに確認やアドバイスを行ったり意見交換をしたりすることが行われていました（受講生A、受講生C、受講生E）。このやり取りは〔作品の完成度を高める〕ために行われていて、それを実践してみて実際に作品の完成度につながったときに、受講生自身で〔意見交換の積み重ね〕と〔繰り返しによる作業改善〕を何度も行うことの重要性に気づいていきます。また、1つのグループ内で行われるプロジェクトは1〜2つ、実際の制作は計2〜4回（1課題あたり1回目の制作と2回目の修正）だけですが、受講生個人でグループを替えて何度も映像制作のグループ活動を行います。グループを替えながら個人で経験を積んでいき、繰り返しながらより良い作業方法をについて考え（〔繰り返しによる作業改善〕）、そして、そこで得た経験や知識を次のグループで活かすことも行われるようになります（受講生D）。また、映像制作という課題であるために、〔作品の完成度を高める〕には〔創造性を高める〕ことが求められるという構図があります。協働作業によって自分ひとりでは想像がつかない展開と結果が生まれるという受講生の気づき（受講生E）が表しているように、より一層〔創造性を高める〕ためにはやはり複数人による〔意見交換の積み重ね〕が欠かせません。

　【グループの体制づくり】と【協働することで制作活動が充実し作品が向上する】ことは、1つのUNITにおいて、同じグループで映像制作を継続する中で繰り返されます。また、3つのUNITでのグループ替えをする度に繰り返し行われます。【協働することで制作活動が充実し作品が向上する】という実感の積み重ねは、結論：協働作業による経験と学びに充足感を得ることに繋がります。誰からの指示にもよらない自分たちの力だけによる協働作業を行なって何かを達成するということと、その過程で自ら気づき、学ぶということは、受講生たちにとっては強い印象とともに非常に大きな経験となっているということが、受講生へのインタビューから強く感じられました。

　主要概念Ⅲ「映像制作」の土台となる状態・現象として【自由さと主体性の併存】があります。中間で作用する意識・行為の【オンラインに応じた方法の選択と工夫】及び結論につながる意識・行為の【像制作についての理解と学び】が繰り返されることによって、結論：自由かつ主体的に創造活動を

図2-3：主要概念Ⅲ「映像制作」の学びの構造

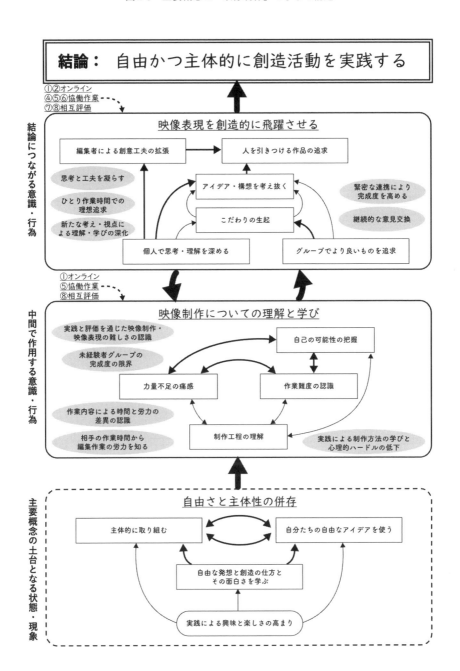

実践する に到達するという構造です (図2-3)。

　MPSの授業では受講生の自由な発想が尊重されています。自由に活動するということは参加者 (＝受講生) が主体性を持って取り組まなければなりません。図2-3の結果図からも、【自由さと主体性の併存】がある状態の中で、受講生たちが映像制作を行っていたと考えられます。多くの受講生がもともと映像制作に興味をもってMPSを履修していて、授業で実際に映像制作を行ってみることで『映像制作って面白いな』(受講生A) という純粋な楽しさが生まれ、映像制作への興味が膨らんでいきます。また、映像制作を実践していて自分たちが制作した作品が面白くでき上がる方が、受講生自身の中で授業を受けていて楽しいという思いが高まります (受講生C)。このようにして〔実践による興味と楽しさの高まり〕が生じると、〔主体的に取り組む〕こと、〔自分たちの自由なアイデアを使う〕こと、〔自由な発想と創造の仕方とその面白さを学ぶ〕ことに繋がっていきます。〔主体的に取り組む〕ことと〔自分たちの自由なアイデアを使う〕ことは相互に影響し合っています。インタビューの中で、受講生自身の考えと力で新しいものを創ることが「自由」という言葉に表されていると感じられました。自分たちから働きかけて行動しなければ事は何も進まないという気づきから、自由で主体的に取り組むというやり方に興味を引かれながらも、このような活動にはあまり慣れていないのでどこか不思議さも感じながら活動をしていたそうです (受講生D)。主体的に取り組むことで自由なアイデアを使って活動することができる、つまり、自由さには主体性が併存している状態であると言えます。他の受講生たちや教員との関わり合いの中で感化されて、柔軟な発想や固定観念に縛られない考え方をもって制作活動を行うようになっていきます (受講生C)。また、他の受講生たちと教員との関わり合いの中では、互いに意見やアイデアを交わすことで、アイデアを自由に多角的に広げるやり方を学んでいきます (受講生C)。このようにして〔自由な発想と創造の仕方とその面白さを学ぶ〕ことが行われ、その学びは〔主体的に取り組む〕ことと〔自分たちの自由なアイデアを使う〕ことへ強く影響を与えて促進させます。

　【自由さと主体性の併存】がある状態で、映像制作という活動を実践することにより、【映像制作についての理解と学び】が進みます。グループメンバー

と分業しながら映像制作を実践することを通して、映像制作に必要な様々な作業にかかる時間と労力に違いがあることを知り（〈作業内容による時間と労力の差異の認識〉）、映像というものに関して〔制作工程の理解〕を深めます。特に最後に行う「映像編集」の作業を担当したグループメンバーの作業時間は長時間になり、他の作業を担当した人は自分の作業時間と比較して編集という作業にかかる労力が大きいことを知ります（〈相手の作業時間から編集作業の労力を知る〉）。〔制作工程の理解〕は〔作業難度の認識〕にも繋がります。また、制作の過程では、思うように映像で表現できないということが起きて、自分（たち）の力不足を痛感します（〔力量不足の痛感〕）。〔力量不足の痛感〕の要因としては、〈実践と評価を通じた映像制作・映像表現の難しさの認識〉や、ランダムによるグループ分けを行うことで〈未経験者グループの完成度の限界〉が生じることが挙げられます。映像制作を実践することによって得た〔制作工程の理解〕、〔作業難度の認識〕、〔力量不足の痛感〕は互いに連動しながら、映像制作における〔自己の可能性の把握〕へと繋がります。難しさやうまくいかないことを知るばかりではなく、たとえ映像制作が未経験であっても自分たちの手で1つの映像作品をつくり上げることが可能であるということを知ることになります（受講生A）。自分たちでつくり上げる可能性を知ること（〔自己の可能性の把握〕）は、映像制作をすることへの心理的ハードルを下げて（〈実践による制作方法の学びと心理的ハードルの低下〉）、興味をもって気軽かつ意欲的に取り組んでみようという思いを生起させます。

　【映像制作についての理解と学び】によって映像表現の理論や手法の知識を得たうえで、自分たちの自由なアイデアを取り込んだ【映像表現を創造的に飛躍させる】ことができます。グループを離れて自分ひとりで作業して理想を追求する（〈ひとり作業時間での理想追求〉）、グループメンバーやクラスから自分にはなかった新しい考えや視点を得て、自分の中で理解や学びを深める（〈新たな考え・視点を得て、理解・学びが深化する〉）といった、〔個人で思考・理解を深める〕時間とその作業は、〈思考と工夫を凝らす〉ために欠かすことができません。それと同時に、協働によって行う映像制作の活動であることから、〈緊密な連携によって完成度を高める〉ことや、グループメンバーとの意見交換を作業期間中に継続的に行う（〈継続的な意見交換〉）ことで、〔グループでよ

り良いものを追求〕するということも欠かせません。個人による学びと、グループによる追求の両方が、制作する作品への〔こだわりの生起〕や〔アイデア・構想を考え抜く〕ことへと繋がります。これらが充分に行われながら、〔より良い作品・人を引きつける映像作品の制作〕が達成されます。また、制作工程の最終段階に、1つの映像作品に形づくるために「編集」の作業があります。1つの映像の見せ方や映像の効果に一貫性を保つようにしてつくられるため、編集は基本的にひとりで行われる作業です（受講生B）。グループの中で編集作業を担当すると、編集作業の中にも「創造する」側面があることを知り、同じ素材を用いても編集者1人の個性や感性を1つの作品に反映させて如何様にも表現し制作することができます（受講生B、受講生E）。〔編集者による創意工夫の拡張〕が、グループで制作する〔より良い作品・人を引きつける作品の追求〕に大きな影響を与え、その意識や意欲を高めます。

　【映像制作についての理解と学び】と【映像表現を創造的に飛躍させる】は、毎週、継続的に行われるグループでの映像制作の活動と、授業で行われる相互評価を通して繰り返され、映像表現における創造性を高めていきます。完成した作品はグループの成果ではありますが、制作過程には、「個人での活動と学び」及び「グループでの活動と学び」の両方が存在します。受講生たちにとって、繰り返しの活動の中で【映像表現を創造的に飛躍させる】ことは、真に 自由かつ主体的に創造活動を実践する という経験を得ることになり、また、その後の活動への原動力にもなります。

　主要概念Ⅳ「相互評価」の土台となる状態・現象として【評価を行う側・受ける側の立場の往来】があます。中間で作用する意識・行為の【個人内での主観的理解と客観的理解の反復による学び】及び結論につながる意識・行為の【グループ内での見直しと意見の再構築】が繰り返されることによって、結論：柔軟に思考し受容しながら改善する に到達するという構造になります（図2-4）。
　MPSの授業中に行われる映像作品の相互評価では、受講生たちは自分のグループの映像作品を発表して「評価を受ける」ことと、他のグループの映像作品の発表を見てその映像作品を「評価する」ことをします。この相互評価

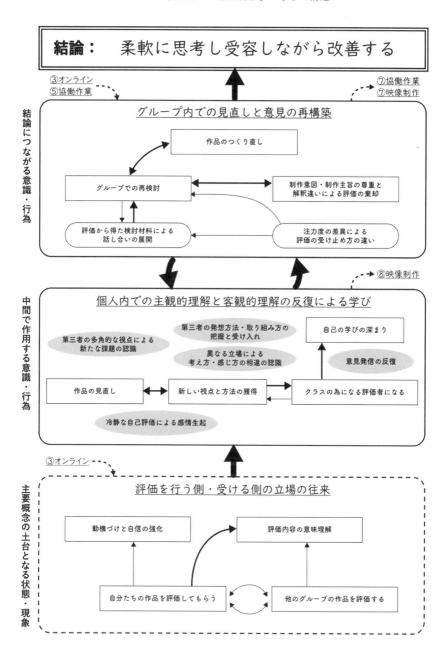

図2-4：主要概念Ⅳ「相互評価」の学びの構造

結論： 柔軟に思考し受容しながら改善する

③オンライン
⑤協働作業

⑦協働作業
⑦映像制作

結論につながる意識・行為

グループ内での見直しと意見の再構築

作品のつくり直し

グループでの再検討

制作意図・制作主旨の尊重と
解釈違いによる評価の棄却

評価から得た検討材料による
話し合いの展開

注力度の差異による
評価の受け止め方の違い

⑧映像制作

中間で作用する意識・行為

個人内での主観的理解と客観的理解の反復による学び

第三者の多角的な視点による
新たな課題の認識

第三者の発想方法・取り組み方の
把握と受け入れ

自己の学びの深まり

異なる立場による
考え方・感じ方の相違の認識

意見発信の反復

作品の見直し

新しい視点と方法の獲得

クラスの為になる評価者になる

冷静な自己評価による感情生起

③オンライン

主要概念の土台となる状態・現象

評価を行う側・受ける側の立場の往来

動機づけと自信の強化

評価内容の意味理解

自分たちの作品を評価してもらう

他のグループの作品を評価する

の活動では、評価し評価されるという行為を通して【評価を行う側・受ける側の立場の往来】があります。そこでは、映像の制作者としての視点と視聴者としての視点が使われ、評価を行う側と受ける側の立場のどちらに今立っているかに関係なく、受講生たちは両方の視点を持ちながら自分たちの作品に対する〔評価内容の意味理解〕をしたり、〔他者の作品を評価する〕ことをしたりします。このような視点の持ち方は、授業で全グループの作品の発表とディスカッションを行う中で徐々に養われていきます。なぜなら、制作者と視聴者の両方の意見を聞き、また、受講生自身も自分たちの作品を発表するときと他のグループの作品を視聴するときとで制作者と視聴者の両方の意見を持つことになり、自分の中に両者の立場での気づきが生じるからです。自分たちの作品を発表したときには「想定外」(受講生A)のコメントを受けることも多く、『こういう意見もあるのか』(受講生A)と知ることになります。1つの作品から感じ取ることは人によって多種多様であり、制作者側に立っていない「視聴者側」の多様な感じ方や考え方を授業中のディスカッションと授業後の評価票を通じて知ることができるというのは、受講生にとって非常に意義のある経験になります(受講生C)。また、〔自分たちの作品が評価される〕ことは、純粋に映像制作の課題への〔動機づけと自信の強化〕に結びつきます。

　【評価を行う側・受ける側の立場の往来】がある状態から、【個人内での主観的理解と客観的理解の反復による学び】が促されます。特に、〔自分たちの作品が評価される〕ことで起こる〔動機づけと自信の強化〕は〔作品の見直し〕を促します。また、自分たちの作品に対する〔評価内容の意味理解〕は〔新しい視点と方法の獲得〕と〔クラスの為になる評価者になる〕意識を促します。クラスの為になる評価者になろうとする理由は、〔自分たちの作品が評価される〕ことがその後の映像制作の実践に非常に役立つからであり、〔他者の作品を評価する〕ときの取り組み方にも反映されます。評価することに意味を見出して、自分の意見をみんなにも伝えようという意識を持ち、繰り返し発言して(〈意見発信の反復〉)、〔クラスの為になる評価者になる〕またはそうなろうと努力します。その意識と試みは、結果として受講生が〔自己の学びの深まり〕を実感することにも結びつきます。また、授業中の発表では自分

たちも制作した作品や自分の演技を客観的に視聴することになり、演技を見て恥ずかしいという感情をもつこともあります（受講生D、〈冷静な自己評価による感情生起〉）。同様のことが〔作品の見直し〕をするときにも起こります。加えて、〔作品の見直し〕をすることは、発表後のディスカッションや評価票を通してクラスメイトのコメントを通した〔新しい視点と方法の獲得〕と相互に関係します。このときに、〈異なる立場による考え方・感じ方の相違の認識〉や、〈第三者の発想方法・取り組み方の把握と受け入れ〉、〈第三者の多角的な視点による新たな課題の認識〉が、受講生個人の中で行われています。

　授業中の相互評価の中でなされる**【個人内での主観的理解と客観的理解の反復による学び】**を経て、相互評価での学びを踏まえた**【グループ内での作品の見直しと意見の再構築】**へと段階が進みます。1回目の制作は自分たちの自由なアイデアが中心、つまり主観による制作であったのが、相互評価を経た2回目の修正作業（つくり直し）では、クラスからの評価やコメントを踏まえた制作が行われます。グループでは1回目の制作でアイデアを出し尽くしてそれ以上に発展しなくなった話し合いに、クラスでの相互評価のコメントによって新たな検討材料が与えられて、修正作業での話し合いの進行や展開に役立ちます（受講生E）。加えて、自らも自分たちの作品を客観視するようになり〔新しい視点と方法の獲得〕がなされているので、〔グループでの再検討〕が進みます。ただし、授業中の相互評価にどれくらい真剣に臨んでいたかは個人によって異なるので、グループメンバー間において評価の受け止め方に違いがあり（〔注力度の差異による評価の受け止め方の違い〕）、問題点への共通理解や改善しようという共感ができるかどうかに影響します。そのため、クラスの評価から得られたつくり直しの検討事項をグループで話し合うときの展開や進み具合（〔評価から得た検討材料による話し合いの展開〕）は変わってきます。作品を発表した授業の終了後、〔グループでの再検討〕が行われ、クラスからの評価を冷静に捉えて再考します。評価をそそまま受け止めて取り入れるばかりではなく、その作品を制作したときに自分（たち）が考えていたこととは異なる解釈をした評価内容は、作品のつくり直しには直接取り入れることはしない場合もあります（〔自己の制作意図・主旨の尊重と解釈違いによる評価の棄却〕）。グループの制作の意図と大きく異なる見方をしたコメントに対しては、

なぜそのような見方をされたのかという原因をグループで考え、使用した映像表現の手法の是非、映像作品に対する嗜好、社会の傾向などから多角的に充分に検討したうえで判断し、受け入れ難い場合はグループの元々の考えを尊重するといったことが行われます（受講生C）。このような経過をたどって〔グループでの再検討〕が行われ、方針が決まると〔作品のつくり直し〕の作業へと移行します。

　【個人内での主観的理解と客観的理解の反復による学び】と【グループ内での作品の見直しと意見の再構築】は、受講生個人が個人活動とグループ活動を行き来するかたちで繰り返し行われます。1つのプロジェクトに対しては【個人内での主観的理解と客観的理解の反復による学び】から【グループ内での作品の見直しと意見の再構築】へという一方向で終わりますが、授業では複数のプロジェクトを行うため、受講生たちはこの2つを繰り返していきます。この2つを繰り返しながらも、【個人内での主観的理解と客観的理解の反復による学び】に留まらず、その後【個人内での主観的理解と客観的理解の反復による学び】を【グループ内での作品の見直しと意見の再構築】に活用することで、結果として ｜結論：柔軟に思考し受容しながら改善する｜ ことに到達します。

5 まとめ

　受講生へのインタビューでは、話し合いや映像の制作作業を行うためのオンライン・コミュニケーションの方法を、活動しながら試行錯誤して考え出す様子が語られていました。日常的に使い慣れたチャットでは、文字で伝え合う難しさを感じたり、メンバー間での会話のやり取りに時間がかかったりして、話し合いがうまくいかないことが多く、チャットでの会話自体に面倒だと感じることもあったといいます。受講生個人では、同じグループの中で、また、次のグループに移動した後も、協働作業を繰り返しながら自分の中で思考を重ねていました。オンラインという活動環境において良好で円滑な話し合いをするために、非言語情報を用いて気持ちを表現し、視覚情報を用いて自分の頭の中に描いているイメージを詳細に共有しようと試みたことが語

られていました。また、グループ活動では、一時的な情報共有にはチャットを用いる、アイデアや構想を話し合うにはビデオ通話を用いるというように、オンライン・コミュニケーションのツールを使い分けていました。協働作業をしながら感じていたオンラインによる「やりにくさ」を1つずつ克服するように、その場で個人またはグループで考えて、制作内容や状況に応じて対応していたことが分かります。

グループの話し合いでは、グループメンバーそれぞれの意見と価値観がある中で、グループとしての1つの意見にまとめることは簡単にはいかず、自分の意見だけで作業が進むことはないと語られていました。協働作業には「意見をすり合わせる作業」があるという点が個人作業との違いであり、「意見をすり合わせる作業」を充分に行うことが重要であったとも語っていました。また、誰かの意見に同調するばかりではグループ内にわだかまりが生じたり、話し合い後の協働作業が順調に進まなかったりしたそうです。グループメンバーのみんなで意見を出し合うことの重要性も感じたようでした。同時に、何らかのかたちで「自分の意見が採用され、作品に反映される」ことは、受講生個人の協働作業への動機づけと満足感及び映像制作への達成感に結びつくようでした。このことは、UNIT振り返り票（詳しくは第3章で紹介します）の自由記述回答にもありました。その理由は、受講生ひとりひとりが映像制作の授業への興味と参加目的をもっているからだと推察します。グループの作品をより良くしようと考え、追求する中でも、話し合いの時間だけでは良いアイデアは思いつかず自分ひとりの時間でも考え続けることが必要であるという気づきを得たことや、自分が担当した作業の範囲で自分なりの工夫を凝らしグループの作品に反映させていくことの面白さということを語る受講生もいました。グループ活動と授業内活動を踏まえて、グループから離れてひとりで思考を重ねることで、アイデアが閃いたり深く考えたりすることができると考えられます。ひとりで思考を重ねた過程や結果はグループへ共有して、改めてグループで意見を一致させるということが協働作業の過程で行われていたのだろうと推測します。「ひとりで考え、グループに共有する」という作業を、グループメンバーが互いに行っていたと考えられます。つまり、受講生は協働作業の中で自己の思考を重ねながら、自他の意見を尊重し、

柔軟に取り入れながら活動し、授業の学習内容である「映像制作」と「映像表現」、さらには「協働」を学んでいたと考えます。

　この「映像制作」のオンライン授業では、教員を含む学習者たちで構成された学びのコミュニティが生起していたと言えます。また、グループによって協働作業の進め方、映像制作や協働作業へのアプローチや取り組み方は異なっており、様々なグループが制作した作品を通して行われるクラスでの協働作業も固定されずに多様化しています。オンラインの形態に適した協働作業のためのコミュニケーションを見出していき、グループでの映像制作の活動とクラスでの相互評価の活動を通して柔軟な思考で他者の意見を取り込みながら、映像表現における創造性を互いに高め合うことになります。また、受講生間の参加意識の差異によって、協働と作品の出来具合に影響することを活動する中で実感することになります。受講生にとってのこのオンライン協働による映像制作の活動の中心は「協働で制作する意味を学び、深めること」であると考えられます。このことは、インタビューでの「協働作業」と「映像制作」に関する発言数の多さからも示唆されます（表2-2）。

6 今後の展望と課題

　映像制作についてのオンライン授業には、「オンライン」、「協働作業」、「映像制作」、「相互評価」の4つの主要概念が流動的に絡み合う学びの構造があることが明らかになりました。この複雑な学びの構造が、様々な授業活動の場面で、受講生たちに協働への関わりを促していると考えられます。また、映像制作を繰り返し行う過程では「協働して学ぶ」ことが促進されて、受講生たちはオンラインでの協働作業を繰り返しながら、「協働」を学んでいたと考えられます。つまり、1つの映像作品が完成するまでの過程や、次の映像制作のプロジェクトに取り組む過程で、オンラインでの協働作業を繰り返し経験することによって、映像制作の理解を深めながら、オンラインでのやり方や協働の仕方を身につけていっていたと言えます。

　オンライン授業でも、コミュニケーションや協働のやり方、制作や表現の仕方などを工夫することで、オンラインでの協働によるものづくりの学習活

動は可能であるでしょう。MPSでは、受講生たちが授業の中で実践しながら様々な困難を可能に変えて、オンラインでの映像制作の学習活動を実現する様子があったと思いました。オンラインに合わせて、学び手は自身の学び方を工夫し、教え手は授業をデザインすることで、オンライン学習の可能性は広がるだろうと考えます。加えて、学習者の学びは、授業の15週間だけではなくて、授業を受ける前の経験にはどのようなものがあり、その経験が授業にどう結びついていたのかということや、授業での経験がその後の経験や学びにどのようにつながっていくか、ということを知ることができれば、学びそのものを知ることや、協働して学ぶことの意義を再確認し、より明確にすることにもなるかもしれません。

　今回の映像制作のオンライン授業で言うと、初めは個人的な映像制作への興味関心であったのが、個人での学びと協働する中で生まれた学びを重ねていくことで、受講生個人の中で意識や評価が変化し、最終的には個人に内面化した学びになるという経過をたどっていたと考えられます。さらに、インタビューでは、他のグループメンバーが行っていた画像の編集方法を自分の次の活動に取り入れてみたと語っていた受講生もいました。授業で学びを得て、次の新たな活動や学びへ進んでいくということです。協働作業による学びは、学習者その人の学びの過程の一部という位置付けになっていると考えると、授業の前と後とのつながりを知ることは学習者の学びを考えるうえで重要であると考えられます。

[参考文献]

- 石川真 (2018)「オンライン上の情報発信に着目したコミュニケーションスキルに関する研究」『上越教育大学研究紀要』37(2)、323–332.
- 木下康仁 (2020)『定本M-GTA ── 実践の理論化をめざす質的研究方法論』医学書院.
- 坂本旬 (2008)「「協働学習」とは何か」『生涯学習とキャリアデザイン』5、49–57.
- ジーン・レイヴ、エティエンヌ・ウェンガー (1993)『状況に埋め込まれた学習 ── 正統的周辺参加』(佐伯胖訳) 産業図書.
- 高澤有以子 (2017)「米国における協働学習とアクティブラーニング：Social Aspects of Information Technologyの教育現場から」『情報管理』60(7)、516–521.
- 冨永麻美 (2018)「通信教育課程における学習者のコミュニティ形成と学びの促進の関係」(卒業研究) 早稲田大学人間科学部.
- 冨永麻美・保﨑則雄 (2023)「映像制作のオンライン授業における協働作業によって学び

が生起する様相の分析」『教育メディア研究』29(2)、29–41.

- 広石英記 (2006)「ワークショップの学び論：社会構成主義からみた参加型学習の持つ意義」『教育方法学研究』31、1–11.
- 藤本かおる (2019)「日本語初級レベルのグループオンライン授業での教室活動に関する研究——担当教師へのインタビューを中心に」『日本e-Learning学会誌』19、27–41.
- 保﨑則雄 (2016)「映像表現という活動：「本物の状況」でのメディア制作」山地弘起編著『かかわりを拓くアクティブ・ラーニング——共生への基盤づくりに向けて』ナカニシヤ出版、179–201.
- 保﨑則雄・冨永麻美 (2023)「創造性を創発し、協働での学びを育てる授業「Media Production Studies」のデザインと実践、その評価」『商学論集』福島大学経済学部 (印刷中).
- マイケル・B・ホーン、ヘザー・ステイカー (2017)『ブレンディッド・ラーニングの衝撃——「個別カリキュラム×生徒主導×達成度基準」を実現したアメリカの教育革命』(小松健司訳) 教育開発研究所.
- 文部科学省中央教育審議会 (2005)「我が国の高等教育の将来像」(答申) (https://www.mext.go.jp/b_menu/shingi/chukyo/chukyo0/toushin/05013101.htm〔2022年7月4日〕).
- 文部科学省中央教育審議会 (2012)「新たな未来を築くための大学教育の質的転換に向けて——生涯学び続け、主体的に考える力を育成する大学へ」(答申) (https://www.mext.go.jp/b_menu/shingi/chukyo/chukyo0/toushin/1325047.htm〔2022年7月4日〕).
- 文部科学省中央教育審議会 初等中等教育分科会 教育課程部会 (2021)「教育課程部会における審議のまとめ」(https://www.mext.go.jp/b_menu/shingi/chukyo/chukyo3/004/gaiyou/mext_00629.html〔2022年11月3日〕).
- 三宅和子 (2019)「LINEにおける「依頼」の談話的特徴を記述・分析する (1) ——メディア特性とモバイル・ライフの反映を探る」『文学論藻』93、110–92.
- 早稲田大学情報企画部 (2020)「2020年度Media Production Studies授業情報・シラバス情報 (シラバス検索—シラバス詳細照会)」早稲田大学 (2020年3月24日).
- 早稲田大学人間科学学術院長 (2022a)「授業の流れ (早稲田大学人間科学部eスクール：学習方法)」早稲田大学人間科学学術院 (https://www.waseda.jp/e-school/system/flow.html〔2022年8月7日〕).
- 早稲田大学人間科学学術院長 (2022b)「eスクールについて (早稲田大学科間科学部eスクール)」早稲田大学人間科学学術院 (https://www.waseda.jp/e-school/about/〔2022年8月7日〕).
- 亘理陽一 (2021)「変わらない言語教育の課題と、言語教育の向かう道筋——外国語教育を中心に」日本教育方法学会編『パンデミック禍の学びと教育実践——学校の困難と変容を検討する』図書文化社、120–133.
- バークレイ＝エリザベス、パトリシア＝クロス、クレア＝メジャー (2009)『協同学習の技法：大学教育の手引き』(安永悟訳) ナカニシヤ出版.

第3章

時系列に見る、大学生のオンラインものづくり活動への参加意識の変容

1 はじめに

　2020年度は、COVID-19の感染防止対策で通学生の授業が全面的にオンラインに移行することになり、ものづくり活動をオンライン授業で、果たして対面時（2000〜2019年度）と同等のクオリティで実施できるのかという不安が担当教員にあったようです。そのとき、筆者は担当教員の不安にも気づかずに、オンラインでもものづくり活動はできるのだろうと思っていました。と言うのも、ちょうどその頃、アメリカのWalt Disney Animation Studiosが、スタッフ全員がリモートワークで制作した1分間程のアニメーション動画をTwitterに投稿していました。そのようにリモートワークで制作された様々なストーリーのアニメーション動画が定期的に公開され、日本のテレビ番組などでもニュースに取り上げられていました。COVID-19のパンデミックで余儀なくされたリモートでの活動は、国を問わず、社会活動の種類も問わず、多くの人々が同じ状況です。その中で、アニメーションの制作、アフレコ、編集などの全ての作業がリモートワークで行われていたそうです。もちろんプロフェッショナルだからこその技術があるはずですが、全てリモートワークで制作されたアニメーション動画の投稿があることを知った筆者は、同じクオリティでの制作はできなくても、素材やパーツのデータの共有が行えて、自分たちが使える道具を使って自分たちにできる手段・手法に変更すれば、作り方や描き方次第ではオンラインであってもものづくり活動はできるのかもしれないと思っていました。ただ、その頃は今よりも全然、映像制作や映像表現の奥深さ、ものづくり活動を授業で行うことの複雑さを分かっていなかったので、躊躇なくそのように考えていたと思います。

　現在3年間、オンラインでの「Media Production Studies」（以下、MPS）の授業にTAとして参加していて、クラス（＝開講年度）によって映像作品の制作の仕方、描き方、内容や、授業中のディスカッションや相互評価のコメントの活性度合いに違いがあるように感じています。1年目の2020年度は、映像の描き方は実写、アニメーション、静止画のスライドショーなどがあり、ストーリーは架空、ドキュメンタリー、幻想的な話、映画予告、ニュース番組などがあり、多種多様な映像作品が作られていました。また、ディスカッション

では、クラス全体としての発言数は多く、比較的、各作品に割り当てられた時間いっぱいで話し合いが行われていた様子がありました。相互評価シートへのコメントの記入も、文章量が回を重ねるごとに多くなっていました。映像制作への興味や熱意、意欲が感じられるとともに、急遽オンラインでの受講になったことに対する取り組みにも真剣さがあったのかもしれません。授業中にも何度も話し合われていたのが、「対面の場合と同じやり方で考えずに、映像での表現を捻って考える」ということでした。日常的な行動規制も多くあったので、映像制作の活動を行ううえで様々な限界を感じてしまうことも多かったと思います。それが「できない」になるのではなくて、思考の転換を行えば「できる」に変えられるのだ、というチャレンジと探究であったと思います。2年目の2021年度は、2020年度と同じ授業形態でしたが、対面での活動は2020年度よりも行いやすくなっており、対面での撮影を選ぶグループが多い傾向にありました。2020年度は映像表現の難しさをオンラインで解決しようという意識があったと思いますが、2021年度は映像表現に対面の良さを取り込もうという意識がどこかにあるような印象を持ちました。それでも、必ずしもどのグループも対面で行えるような状況にはありませんでした。オンラインで行うグループは、日常生活では行動しやすくなっているのにグループで集まって撮影することで作れる映像のストーリーを選択できないので、どこか限界を感じてしまっていたかもしれません。3年目の2022年度は、授業自体の対面方式での実施回数を増やして、対面とリアルタイム式オンラインが半分ずつの回数で開講されています。したがって、MPSは本来はEMI（English Mediated Instruction）での科目ですので、対面方式の回は授業言語を英語に戻しています。そのためか、特に言語の指示はしていないQuiz、相互評価シート、UNIT振り返り票などでは、自発的に英語で記述している受講生が多くなっています。（2020年度と2021年度はだいたい2〜3名が英語で書いていました。）授業中のディスカッションでの発言数や相互評価シートのコメント量は、あまり多くはない様子があります。映像作品は、動画・静止画と文字とナレーションを組み合わせて流れるように再生され、構成が比較的固定化されている印象を持ちます。ストーリーは、自分たちの身近な実世界をベースにしたものが多いですが、映像での表現の仕方などをもっと変えて工

夫しようと試み始めているグループもいます。映像作品のこのようなクラス年度による違いの要因には、オンラインか対面かという授業形態があるのか、この3年間のオンラインでの受講の経験や慣れ、徐々に出来上がったオンライン授業での風潮があるのか、受講生たちが日常で慣れ親しんでいる映像・動画との関わり合いの変化なのかなど、様々考えることができそうです。

2 教育実践の紹介

　本章では、オンラインで開講した2020年度及び2021年度の2年分の調査に適宜最新の実践データを加味して分析しています。MPSの授業の詳細は、第2章及び保崎・冨永（印刷中）で紹介しています。授業の概要については、第2章の表1-2（2020年度）をご覧ください。なお、2021年度の授業は、受講生は19名で、授業形態は第1回がハイフレックス式授業（Moodleを利用、オンライン受講にはZoomも利用）、第2回から第15回まではリアルタイム式オンライン授業（ZoomとMoodleを利用）で実施されました。また、2021年度の映像制作のプロジェクトのトピックは、次のとおりでした。

　　Project #1：15秒CM（グループ課題）
　　Project #2：『ふわふわ』、30秒映像（グループ課題）
　　Project #3：『ざわめく』、30秒映像（グループ課題）
　　Project #4：『懸念』、30秒映像（グループ課題）
　　Final Project：自由トピック、3分映像（グループ課題）

　評価方法にはQuiz（小テスト）7回分が追加されています。Quizは、開講期間の前半7回ほどの授業で、授業時間の開始5〜10分間で行なわれています。初めてオンラインで開講することになった2020年度を除いて対面での開講時（2000年〜）から行なわれており、Quizは採点され、成績評価に含まれます。毎週、授業の終わりに映像理論、映像表現・技術などに関する、主に英文の文献が提示されて、次回の授業までのReading Assignmentとして読む課題が出されます（Reading Assignmentは2020年度も同様に行われました）。Quizの内容は、

表3-1：Reading Assignment と Quiz の内容（2021年度）

1	**Reading Assignment #1** (2021/9/30〜2021/10/7) Representation and the Media. (2002). Newbold, C., Van den Bulck, H., & Boyd-Barrett, O. (Ed.). *The Media Book* (pp.260-268). Hodder Arnold. **Quiz #1** (2021/10/7) What are the probable difficulties in the concept, ideology - reality - representation? What do we need to pay attention to? React and/or criticize in your own words.
2	**Reading Assignment #2** (2021/10/7〜2021/10/14) Visual Principles. (1993). Heinich, R. et al. Instructional Media and Technologies for Learning 7th ed. (pp.116-120) TED Talks: Everything you hear on film is a lie / Tasos Frantzolas (https://www.ted.com/talks/tasos_frantzolas_everything_you_hear_on_film_is_a_lie?utm_campaign=tedspread&utm_medium=referral&utm_source=tedcomshare) **Quiz #2** (2021/10/14) How would you explain "realism and learning" by using the concepts of (coding) elements, pattern and arrangement?
3	**Reading Assignment #3** (2021/10/14〜2021/10/21) What is "Visual"?: Toward the Reconstruction of the Visual Literacy Concept. Ogasawara, H. (1998). Journal of Visual Literacy, 18(1). (pp.111-120). **Quiz #3** (2021/10/21) Briefly explain and criticize Ogasawara's definition of "visual" in your own words.
4	**Reading Assignment #4** (2021/10/21〜2021/10/28) Shot Continuity. Elinor Stecker. (1980). Film Maker's Guide to Super-8. (pp. 109-114). **Quiz #4** (2021/10/28) Explain how important "establishing shot" in terms of shot continuity, LS, MS, and Close-ups.
5	**Reading Assignment #5** (2021/10/21〜2021/11/18) Knowledge about lighting: depth of field, lighting & camera work. (担当教員作成資料) **Quiz #5** (2021/11/18) How did you elaborate "shot continuity" in your project #2? If not, how are you going to work on logical continuity of shots in your project #3?
6	**Reading Assignment #6** (2021/11/18〜2021/11/25) モンタージュの始まり、(1998) 映画理論集成、フィルムアート社 (pp.182-209) メディア制作の技法を読み解く、(2001) メディアリテラシーの方法、リベルタ出版 (pp.241-299) **Quiz #6** (2021/11/25) What was the important part of thinking of ざわめく in cognitive mapping in your project #3?
7	**Reading Assignment #7** (2021/11/25 〜 2021/12/2) クレショフ効果、(1996) 映像の心理学、中島義明、サイエンス社 (pp.206-207) The moving image. (2002). Newbold, C., Van den Bulck, H., & Boyd-Barrett, O. (Ed.). *The Media Book* (pp.101-111). Hodder Arnold. **Quiz #7** (2021/12/2) What was the gap between YOUR represented message(s) and class interpretation in the evaluation sheet?

図3-1：実際のQuiz解答シートの例（2021年度）

Quiz #5 (11/18/2021)   Name ████████████   ID # ████████████
10:40-50

Question:

How did you elaborate "shot continuity" in your project #2?   If not, how are you going to work on logical continuity of shots in your project #3?

ショットの連続性に関して、#2ではスムーズな流れを意識しました。例えば、くまちゃんが空を流れているシーンではショットを区切るのではなく、流しっぱなしにして長回しの映像を撮影した後に編集しました。それは、カットを区切るとふわふわ浮いている様子をうまく表せないからです。固定のカメラではなく、手持ちのカメラで撮影しました。なぜなら、手持ちのカメラの方が手のブレが入ります。そのブレが「ふわふわ漂う感じ」といい相性であると判断したからです。また、今回、先週からの反省を生かし、オチを改善したのですが、その際はあえてカットを細かく区切ることで緊迫感を演出しました。真っ黒な静止画も長めに入れ、連続性を出しました。#3では、話の流れとして違和感のないようなショットを入れたいと思います。今回のくまちゃんでは空を飛んだりお風呂に入ったりと少しぶつ切りな感じがありました。次の作品では違和感のない描写、ショットにしたいです。そのためには動画だけに頼るのではなく、静止画も多用していきたいと考えております。もしくは、全くバラバラのショットを色々入れ込み、スピード感のあるものを作っても面白いかも。それこそ静止画の出番でしょう。

その週のReading Assignmentとして出された文献の内容に関連する質問で作成されます。文献を読んで理解した知識を映像作品の制作に応用できるようにするためのQuizということです。また、授業中に受講生たちが行う作品発表やディスカッション、相互評価の様子を踏まえて、文献から得た知識を実際の映像制作につなげるための足場かけになるような問いにする場合もあります。2021年度のReading AssignmentとQuizは、表3-1のとおりでした（実際

図3-2：実際のQuiz解答シートの例（2022年度）

MPS Quiz #3　　Name [redacted]　　Student # [redacted]　　10/20/2022

/5 pts.

Question:

What do you put in □ ?　　Plus, after you complete the equality,
please explain and make a story about the equality below in your logic.

1 + □ =

I think the square will contain "sugar".
I interpreted the figure on the left as "cotton candy".
1 is the stick that holds the candy.
I thought about what I could add to that stick to make cotton candy, and I came up with the idea that if I added the ingredient "sugar," it would become cotton candy. Therefore, I think that by adding "sugar" to the square, the cotton candy in the picture will be completed.

のQuiz解答シートの例は図3-1参照）。Quizの内容は、毎回、担当教員が作成しており、時々、TAも一緒に出題のテーマを話し合うこともあります。他に2022年度のQuizを例にして挙げると、創造力を使って考える問いが出されることもあります（図3-2参照）。映像制作のようなものづくりの活動は正解のない問いを考え続けることですので、この観点からも、抽象概念を映像化すること（＝抽象的なものを具体的なものにすること）の気づきを受講生に促し、実際の映像

制作の課題に取り組む際に考えるきっかけを与えることができます。

　受講生は、文書ファイルのQuiz解答シートに記入して、Moodleにアップロードして提出します。時には、タブレットとペンを使って解答を手書きしたり、手書きしたノートや紙を写真で撮影し、その画像を解答シートの文書ファイルに貼り付けたりして提出する受講生もいます。解答の作り方については、特別必要がなければ担当教員やTAから指示することはなく、これも受講生が表現したい方法に委ねられています。

3 理論的な背景

　スマートフォンでも高精度な撮影が可能になり、動画共有サイトや画像・動画投稿SNSなどのサービスも拡大し、現在では映像制作は個人でも気軽かつ日常的に行われています。映像編集に関しても、コンピュータ用のソフトやスマートフォン用のアプリケーションを手軽に利用することが可能になり、撮影した後の映像編集も個人で日常的に行われるようになりました。個人でインターネット上に投稿して共有される動画は、家族や知人も含めて不特定多数の人たちに連鎖的に視聴され評価されることが影響して、時間をかけて完成させることよりも、何かを語りたい、伝えたいために制作されているという特徴があります（昼間、2015）。制作した個人の興味や関心事、出来事に対する意識や考え方が少なからず映像作品に反映されており、「自己を表現し、伝達する媒体」として映像が利用されていると言えます（入江、2010）。自己表現をするため、共感を得るために映像制作をしたいと考える様子は、筆者が初めてMPSの授業にTAとして参加したときにも受講生から感じたことがありました。現代社会においてはこのような個人による映像制作の実情があると言えるでしょう。

　そもそも映像制作という活動は、他者との連携が伴い、協働の場面があることが必然になっている活動です（片桐、2019）。授業においては、映像制作の活動への関わり方を参加者全員が参加するようにデザインすることで、映像制作が「協働」で行われる意味を学習活動に包含することができるだろうと思います。そうすることで、映像制作の活動方法だけではない、創造的なも

のづくりにおける学びは深まるでしょう。映像制作を学習内容とする授業を行おうとするときに、映像制作についての学びに加えて、協働して制作を行うことに関連した何らかの学習要素が、学習者の学びに含意されると考えられます。学校教育での実践例を調べると、例えば、高等学校の美術の授業では、生徒の協働による映像メディア表現の学習活動を実践して、学習者の学習行動、社会的行動、人間形成に及ぼす影響の3つの観点で教育効果があることが明らかにされています(片桐、2019)。他にも、中学校での映像教育としては、地域在住の映画監督が指導し、生徒たちがグループで映像制作を行う課題解決型学習や、協働作業や実社会とのつながり、メディアリテラシーなどの学びに結びつく映像制作の学習が行われています(鎌倉朝日新聞社、2022、鎌倉経済新聞、2021)。プロと協働して実践的な創作活動(ものづくり)の一連の過程を体験することは、専門的な知識と技術の習得を目的とする場合に限らず、創造活動についての理解を深めたり自己表現を行ったりするという教養教育(縣・岡田、2009)としての意義があるとも言えます。

　映像によるメディア表現を実践するという観点で他者と協働することを検討してみると、「映す」という行為が多数の「鑑賞者(他者)」の存在を前提としており、要するに「他者」の存在が映像メディアの魅力であるとの指摘もあります(柳沼、2017)。加えて、「映す」とは、映す対象や事象を捉えて、観ている自分も含めて描くことであると言えます。美術鑑賞の場合ですが、作品を観て無意識、直感的に感じることを言語化するのは容易ではありませんが、「鑑賞」という活動では、なぜそう感じたかという点をその作品がもつ要素を根拠として交えて、客観的に論じ批評することが求められます(髙橋、2016)。また、互いの作品を鑑賞するという学習活動は、作品に使用した材料の組み合わせ方の多様さとその面白さを発見することや、作品に表れている個人の感覚の違いを知ること、自分にはない他者の鑑賞における感覚を知ることに繋がります(髙橋、2016)。美術鑑賞の学習活動に見える協働的な意味合いは、映像制作の場合にも当てはめられると思われます。協働による学びにおいては「相互評価」のような活動が、他者がどこに興味や疑問を持つかを知り、他の方法や考えなどの可能性を再考する機会を得る場になります(大島、2010)。したがって、学習者同士で作品を発表し、批評し合うことによって、

「他者」を通して映像制作への理解が深まり、思考が広がるはずです。

　協働することによって、自分ひとりで行っていた思考に他者の視点が加わって思考のプロセスが発展し、協働する以前にはもち得なかった新たな成果を創り出します（池田・舘岡、2007）。この点を踏まえると、協働による学びに用いる題材は、答えが1つしかない問題であると学習者同士で話し合っても理解や思考を深めることには繋がりにくく、みんなで掘り下げられる問題、様々なアプローチが考えられる問題、答えを1つに絞り込めない問題、あるいは、想像力と創造力を働かせることができるような問題が好ましいとされます（津田、2015）。授業デザインの観点から言えば、学習者に主体性・自律性を持たせ、複雑さと困難さのある「高いレベルの課題」を用いることで、学習者間に有益な相互依存が引き起こされ、課題の達成度を高めることができます（Scager et al. 2016）。ものづくりの中でも映像制作では、動画、静止画、イラスト、色、文字、音楽などによる様々な表現の理論と手法を用いるので、それらの組み合わせと表現の仕方によって制作する作品は1つになることはなく、制作者の考え次第で全く異なる印象を与えます。例えば、色彩に関する色相、彩度、明度や、遠近描写、立体感、影、動きの描写などの様々な変数が同時に混在しています（保﨑、2002）。したがって、映像を用いた「表現の多様性」が確保されたものづくり（創作）の過程が存在し（池側、2011）、映像制作の活動では制作者の創造性が求められるというわけです。また、映像制作を行う過程では「『伝える／伝わる』ことの試行錯誤そのものに『教育性』が包含される」（池側、2011、pp.43–44）と考えられます。そして、制作者側が意図していないことや予想していないような隠れたメッセージが『伝わってしまう』ことの幅が、言語によるメッセージよりも広くなると考えられます。このことは、映像のような視覚表示（visuals）の共示的・暗示的（connotative）な特徴として、受講生たちはMPSの授業の活動を通して常に体感します。視聴者（鑑賞者）は、動画、絵や写真などの静止画、言語、色、記号、音響効果などを用いて映像化された一つの「シンボル」を読み解くことが要求されます（田口・井上、1999）。したがって、映像制作では制作者（送り手）と視聴者（受け手）の意識が交差する部分を創出する（池側、2011）ことが行われ、想像力と創造力を働かせることが求められます。映像制作は、制作工程（創造過程）におい

ても視聴（鑑賞）においても協働を伴う活動だということです。

4 収集データから見えること

■ 3回のUNITの振り返り票

　2020年度および2021年度に開講されたMPSの受講生のうち、3回のUNITすべてで振り返り票を提出した受講生42名分（学部1〜4年生で2020年度24名、2021年度18名）のUNIT振り返り票（例：図3-3）を分析しました。このUNIT振り返り票は、学習の効果を上げ、受講生自身が授業での学びを確かめるために作成し、実施しています。2020年度以降は、オンラインを加えたMPSの授業の構成要素の4つ（オンライン、協働作業、映像制作、相互評価）それぞれから2問と、付随する3問を追加して、毎年度、同じ質問項目を使っています。

　MPSの受講生全体の傾向として、オンラインでのものづくり（ここでは映像制作）を協働作業で繰り返し行うことで、活動の振り返りの回答に変化があるかを確かめました。UNITごとに大問1）の五段階尺度評価11項目の平均値と標準偏差（SD）を算出して、1要因3水準（被験者内計画）の分散分析を行いました。その結果を表3-2に示します。また、各質問項目の平均値の推移を、折れ線グラフで図3-4〜14に示します。これらの分析にはSPSS（IBM ver. 28）を使用しました。なお、授業改善・研究のためのデータとしてUNIT振り返り票の回答を使用することについて、各年度の授業期間終了後に受講生へ説明して同意を得ています。

　分散分析の結果、質問項目4「オンラインだと作業がはかどる」において、3つのUNIT間に有意差があることが認められました（$F_{(2, 82)}=9.510$, $p<.001$）。また、下位検定で、Bonferroni法により3つのUNITの平均値間の差を検証した結果、UNIT 1とUNIT 3の間で平均値の差は0.1%水準で有意であり、UNIT 2とUNIT 3の間で平均値の差は5%水準で有意であることが認められました。質問項目4の平均値の推移（図3-7）を見ると、UNIT 1ではそれほど高い値ではありませんが、その後UNIT 3にかけて上昇しています。これらのことから、15週間の授業を終えたときに、オンラインだと作業がはかどるということを実感するようになっていた、つまりはオンラインでの作業の仕方を見出

図3-3：UNIT振り返り票

MPS 2021 <u>UNIT 1</u> Reflection Sheet
10/28

1）この授業の現在までの活動を振り返って、あなた自身がどの程度当てはまるか、
　回答してください。

　　例　全く当てはまらない 1　　2　　③　　4　　5 よく当てはまる

　　1. 協働作業は楽しい。・・・・・・・・・・・・・・・ 1　2　3　4　5
　　2. 協働作業は難しい。・・・・・・・・・・・・・・・ 1　2　3　4　5
　　3. オンラインでの協働は難しい。・・・・・・・・・ 1　2　3　4　5
　　4. オンラインだと作業がはかどる。・・・・・・・・ 1　2　3　4　5
　　5. 映像制作は楽しい。・・・・・・・・・・・・・・・ 1　2　3　4　5
　　6. 映像制作は難しい。・・・・・・・・・・・・・・・ 1　2　3　4　5
　　7. ひとりで映像制作を行う方がよい。・・・・・・・ 1　2　3　4　5
　　8. 積極的に協働作業に参加した。・・・・・・・・・ 1　2　3　4　5
　　9. 他のグループメンバーの考え方に関心を持った。・・ 1　2　3　4　5
　　10. 映像を作り直すことで視野が広がった。・・・・・ 1　2　3　4　5
　　11. クラスメイトからの評価は役に立った。・・・・・・ 1　2　3　4　5

2）今までの授業を振り返って興味をもったこと・印象に残っていること（理由も）
　Reflect and evaluate the various activities of this class for the last 4 sessions.

3）様々な活動に参加した自分自身の言動を振り返って
　Self reflect your participation in this class.

Name ＿＿＿＿＿＿＿＿＿＿　Student Number ＿＿＿＿＿＿＿＿

して身につけていたことが窺えます。

　多くの質問項目において、3つのUNITの平均値間に統計的な有意差は見られませんでしたが、質問項目8「積極的に協働作業に参加した」や質問項目9「他のグループメンバーの考え方に関心を持った」は、高い値の範囲で

表3-2：UNIT 1〜3の授業活動の振り返りについての分散分析の結果（n=42）

質問項目	UNIT 1 平均値(SD)	UNIT 2 平均値(SD)	UNIT 3 平均値(SD)	分散分析の結果 F値	p値
1. 協働作業は楽しい	3.98 (0.95)	4.12 (0.80)	4.14 (0.90)	.750	.458
2. 協働作業は難しい	4.19 (0.92)	3.95 (0.94)	4.31 (0.72)	2.412	.096
3. オンラインでの協働は難しい	4.19 (1.15)	4.21 (1.02)	4.24 (0.88)	.023	.977
4. オンラインだと作業がはかどる	2.60 (0.91)	2.87 (0.80)	3.24 (0.98)	**9.510**	**.000**
5. 映像制作は楽しい	4.31 (0.68)	4.17 (1.01)	4.50 (0.67)	2.313	.105
6. 映像制作は難しい	4.43 (0.74)	4.19 (1.02)	4.57 (0.70)	2.645	.077
7. ひとりで映像制作を行う方がよい	2.57 (1.19)	2.71 (1.02)	2.71 (1.02)	.508	.603
8. 積極的に協働作業に参加した	4.17 (0.99)	4.38 (0.82)	4.42 (0.83)	1.288	.281
9. 他のグループメンバーの考え方に関心を持った	4.38 (0.88)	4.62 (0.76)	4.67 (0.79)	1.890	.158
10. 映像を作り直すことで視野が広がった	4.48 (0.74)	4.40 (0.91)	4.60 (0.66)	1.000	.372
11. クラスメイトからの評価は役に立った	4.63 (0.57)	4.33 (1.03)	4.50 (0.67)	2.520	.101

UNIT 1からUNIT 2にかけて少し上昇し、UNIT 3でもその値を維持しています。グループでの協働作業に積極的に関わろうという意識を高めており、そのことは他のグループメンバーの考えに関心を持ち聞こうとする意識にも現れていたと思われます。また、映像制作に関する質問項目5「映像制作は楽しい」、質問項目6「映像制作は難しい」、質問項目11「クラスメイトからの評価は役に立った」の平均値の推移と、質問項目2「協働作業は難しい」の平均値の推移は高い値を維持していますが、UNIT 1からUNIT 2にかけて少し下降し、UNIT 2からUNIT 3にかけては上昇して回復しています。僅かな変動ではありますが、この動きは、質問項目7「ひとりで映像制作を行う方がよい」と逆行しています。協働作業への不慣れさや受講生それぞれの映像制作への興味・こだわりなどがあり、UNIT 2では協働するよりもひたむきに自分ひとりで取り組みたいという意識が生じていたのではないか（冨永・藤城・保﨑、2021）、しかしその後も協働での映像制作を継続することで慣れていき、協働作業や映像制作への理解を深めて、やり方も難しさもよく分かるようになっていったと解釈することもできると思います。このようなUNIT 2で変

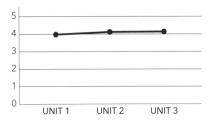

図3-4：質問項目1「協働作業は楽しい」
平均値の推移（n=42）

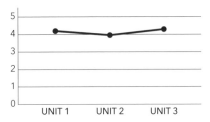

図3-5：質問項目2「協働作業は難しい」
平均値の推移（n=42）

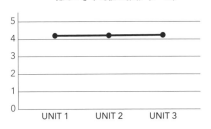

図3-6：質問項目3「オンラインでの協働は
難しい」平均値の推移（n=42）

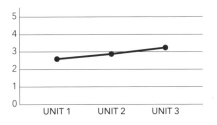

図3-7：質問項目4「オンラインだと作業が
はかどる」平均値の推移（n=42）

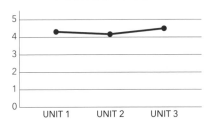

図3-8：質問項目5「映像制作は楽しい」
平均値の推移（n=42）

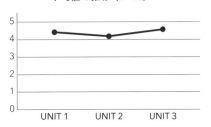

図3-9：質問項目6「映像制作は難しい」
平均値の推移（n=42）

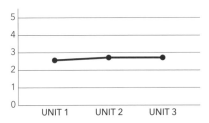

図3-10：質問項目7「ひとりで映像制作を
行う方がよい」平均値の推移（n=42）

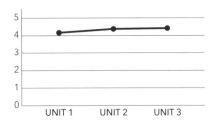

図3-11：質問項目8「積極的に協働作業に
参加した」平均値の推移（n=42）

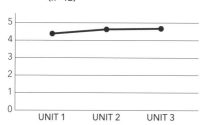

図3-12：質問項目9「他のグループメンバーの考え方に関心を持った」平均値の推移（n=42）

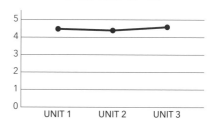

図3-13：質問項目10「映像を作り直すことで視野が広がった」平均値の推移（n=42）

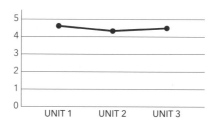

図3-14：質問項目11「クラスメイトからの評価は役に立った」平均値の推移（n=42）

化する動きの要因についてはまだよく分かっていませんが、年度を重ねて調査・分析することで、より詳しく検討できるのではないかと考えています。

　他にも、協働作業に関する質問項目1「協働作業は楽しい」、質問項目2「協働作業は難しい」、質問項目3「オンラインでの協働は難しい」や、映像制作に関する質問項目5「映像制作は楽しい」、質問項目6「映像制作は難しい」は、授業期間の全体を通して高い値を維持しています。これらの質問項目の内容を見比べると、「〜は楽しい」と「〜は難しい」は一見すると相反するように思われますが、受講生たちの中には両方の認識が併存していたことが分かります。このことは、以下の分析において、UNIT 1とUNIT 3の変容にも表れており（表3-3〜4）、協働作業と映像制作の両方に難しさがある中で、他者と一緒に制作すること（＝共同制作）へ参加することに面白さを見出し、楽しさを得ていたと考えられます（冨永・保﨑、2023）。

　UNIT 1（授業開始時）とUNIT 3（授業最終時）における自己の学びの振り返りの潜在因子とその因子構造の詳細な変化を確かめるために、五段階尺度評価

11項目の回答データを用いて探索的因子分析を行いました。分析にはSPSS（IBM ver. 28）を使用しました。UNIT 1とUNIT 3それぞれについて、五段下位尺度評価11項目で因子分析（主因子法、スクリープロットにより因子数を決定、プロマックス回転）を行い、各項目のうち、因子負荷が.35に満たなかった項目を削除しました。UNIT1とUNIT3のいずれも因子数は3因子に指定して、分析を繰り返しました。その結果を、表3-3〜4に示します。また、各因子に関する質問項目について、内的整合性の指標であるクローンバックのα係数を用いて信頼性を検証しました。なお、UNIT 3（表3-4）の質問項目3は逆転項目の処理を行いました。その結果、いずれのα係数もある程度の信頼性があると言え、この調査における因子分析は授業の振り返りに与える潜在因子を確かめることが目的ですので、α係数の高さは本調査の結果にさほど影響しないと考えます。

　UNIT 1では、第1因子は、グループやクラスにおける評価や議論が役に立つことに関する項目に対して負荷量が高く、「相互学習の効果」に関する因子としました。第1因子では、協働作業への積極的な関与についての質問項目8に対する負荷量が区切りとした.35に近い数値を示したので、下位尺度に残しています。第2因子は、映像制作、協働作業、オンラインでのはかどりなど、他者と一緒に行うという活動全体を肯定的、積極的に捉える質問項目に対して負荷量が高く、「共同制作のポジティブ性」に関する因子としました。質問項目5「映像制作は楽しい」は、第1因子にも負荷量が.38とやや高く、第1因子と第2因子の両方に関わっている項目であることを示しています。第3因子は、映像制作に関わる作業の難しさに関する質問項目に対して負荷量が高く、「制作活動の難しさ」に関する因子としました。特に、協働作業の難しさは、かなり高い負荷量を示しました。質問項目2「協働作業は難しい」は、第2因子にも負荷量が.326と出ており、楽しさと難しさの両方の因子にある程度寄与していることが分かります。

　UNIT 3では、第1因子に寄与する項目数が、UNIT 1の2項目から5項目へと著しく増加した点が大きな変化です。また、UNIT 1の第2因子と第3因子が、UNIT 3の授業終了時には逆転するという結果になりました。第1因子は、グループ活動や相互評価、相互評価を踏まえたグループでの作品のつくり直

表3-3：UNIT 1の因子分析の結果

(冨永・保﨑、2023、p.20より転載)

質問項目		因子1	因子2	因子3
【因子1：相互学習の効果】				
10. 映像を作り直すことで視野が広がった		**.833**	.034	.100
11. クラスメイトからの評価は役に立った		**.832**	−.089	.090
8. 積極的に協働作業に参加した		**.330**	.198	−.145
【因子2：共同制作のポジティブ性】				
4. オンラインだと作業がはかどる		−.139	**.792**	.096
9. 他のグループメンバーの考え方に関心を持った		.134	**.541**	−.016
1. 協働作業は楽しい		.248	**.489**	−.287
5. 映像制作は楽しい		.380	**.419**	.015
【因子3：制作活動の難しさ】				
2. 協働作業は難しい		−.099	.326	**.863**
7. ひとりで映像制作を行う方がよい		.124	−.194	**.546**
3. オンラインでの協働は難しい		.243	−.231	**.446**
	α 係数	.642	.722	.619
	因子寄与	2.065	1.957	1.527
	因子間相関 因子1	—		
	因子2	.313	—	
	因子3	−.128	−.285	—

因子抽出法：主因子法
回転法：Kaiserの正規化を伴うプロマックス法

しといった本授業で行われたオンラインを中心とする一連の活動を肯定する項目に対して負荷量が高く、「映像制作全体の肯定」に関する因子としました。第2因子は、協働作業と映像制作の難しさに関する項目に対して負荷量が高く、「協働と映像制作の難しさ」に関する因子としました。第3因子は、質問項目3「オンラインでの協働作業は難しい」の負荷量は負の値で高く、また、グループでの映像制作の活動に関する項目に対して負荷量が高く、「オンラインでの共同制作の楽しさ」に関する因子としました。

　UNIT 1とUNIT 3の因子を比較すると、どちらも3因子構造ではありますが、各因子を構成する下位尺度を見ると映像制作の活動への意識が明らかに変化していたことが確認されました。まず、UNIT 1での5週間の協働作業を通して、他者と協働して制作することへの意味に気づき始めていることが分

表3-4：UNIT 3の因子分析の結果

（冨永・保崎、2023、p.21より転載）

質問項目	因子1	因子2	因子3
【因子1：映像制作全体の肯定】			
10. 映像を作り直すことで視野が広がった	**1.005**	.022	-.244
11. クラスメイトからの評価は役に立った	**.750**	.006	-.111
1. 協働作業は楽しい	**.713**	-.202	.084
9. 他のグループメンバーの考え方に関心を持った	**.672**	.145	.106
4. オンラインだと作業がはかどる	**.387**	-.063	.031
【因子2：協働と映像制作の難しさ】			
2. 協働作業は難しい	-.127	**.745**	-.202
6. 映像制作は難しい	.041	**.725**	.158
【因子3：オンラインでの共同制作の楽しさ】			
5. 映像制作は楽しい	.113	.002	**.699**
3. オンラインでの協働は難しい	.199	.079	**-.479**
8. 積極的に協働作業に参加した	**.338**	.056	**.394**
α係数	.786	.634	.507
因子寄与	3.060	1.361	1.542

	因子間相関			
	因子1	—		
	因子2	.281	—	
	因子3	.429	.226	—

因子抽出法：主因子法
回転法：Kaiserの正規化を伴うプロマックス法

かかります。しかし、そもそも、協働作業に慣れていない授業開始時（UNIT 1）には、協働して行うこと自体への意見や解釈にばらつきが多く見られることは当然だと考えられます。それゆえ、UNIT 1の結果全体の構図（表3-3）は自然でしょう。質問項目8「積極的に協働作業に参加した」の第1因子への負荷量から示唆されるように、まだ十分には積極的に協働作業に参加できていないことが現れているという点も重要です。UNIT 3を終えた時点の振り返り票の第1因子では、下位尺度の5項目のうち質問項目4を除いて、かなり高い負荷量を占めたことは、15週間のオンラインでの活動や協働による映像制作の活動全体と、それらの活動によって得られた自分の学びに対して、受講生が満足していることを表していると考えられます。第3因子「オンラインでの共同制作の楽しさ」は、グループを入れ替えながら制作活動に積極的に参加

し、自身が担った作業の役割からグループに貢献することでより明確になったと解釈されます。質問項目8「積極的に協働作業に参加した」が第1因子にもある程度寄与している点は、第1因子の肯定感に連動するものでしょう。

　また、「難しさ」に対する意識が、UNIT 1とUNIT 3で興味深い変化をしていると解釈できます。UNIT 1では、協働作業とオンラインでの難しさや質問項目7の「ひとりで行う方がよい」という観点で映像制作の難しさにつながっており、第3因子に位置しています。それが、UNIT 3では第2因子「協働と映像制作の難しさ」に変わりました。第3因子の「楽しい」は、第2因子の「難しい」という一見相反する評価であるように見えます。実際のところ、ものづくりとしての映像制作をグループで行うことには摩擦や合意形成などのコミュニケーション活動への寄与、貢献、妥協がかなり必要になるということが、協働作業を15週間続けて行なってきたゆえに感じる、受講生の正直な気持ちではないかと思われます。UNIT 3では協働による映像制作の難しさに質問項目7「ひとりで映像制作をする方がよい」が下位尺度から除外されて、受講生間にひとり作業という意識が無くなったという興味深い結果となって現れました。したがって、第2因子の「難しい」と第3因子の「楽しい」を合せて解釈すると、オンラインでの映像制作活動の経験を重ねることで、受講生たちは他者と協働して映像制作をすることの意味を認識していたと考えられます。加えて、協働することと映像制作の両方に難しさがある中で、他者と一緒に制作すること（＝共同制作）に関わることへの面白さを見出し、楽しいと感じていたと考えられます。

❷ 主要概念間のつながりによるオンライン授業「映像制作」の学びの構造

　2020年度の調査では、MPSの授業の4つの主要概念に焦点を当てて、各主要概念を構成する概念にはどのようなものがあるかを確かめました（詳細は第2章参照）。図3-15は、4つの主要概念の間にはどのような相互関係か生じているのかという別の視点で捉え、図示したものです。なお、第2章の図2-1～4に示した3つのレベルの上部・左右に点線矢印で示したものが、主要概念間の相互関係になります。

　2020年度の受講生にインタビューを行い、4つの主要概念ははっきりと区

別できるものではなく、授業で行われる様々な活動の過程で多様に絡み合いながら作用していることが分かりました（第2章参照）。前節で紹介したUNIT振り返り票に書かれていた受講生の自由記述の回答にも、オンライン、協働作業、映像制作、相互評価についての内容が様々に組み合わされて述べられていました。図3-15は、そのような学びの現象を、4つの円の重なりで1つの図として表したものです。図3-15のベースとなるデータは、1年目の2020年度のインタビュー調査の分析によるものです。その後、MPSのオンラインでの2年目（2021年度）の実践を経て、前節で分かったことを踏まえて改めてこの図3-15を見ながら、MPSの授業での学びを概観してみます。

　各主要概念の円の一番外側に書いていることが、その主要概念における学びの結論になります。それぞれ、授業での様々な活動の中で問題意識をもって考え、追求、追究することで到達できる終着点であるとも言えます。受講生の語りの中で2020年度と2021年度の違いが顕著であった語りの一つが「オンライン」についてでした。インタビューの中で「オンラインでの協働作業についてどう感じているか」、「活動していて『オンライン』を意識することはあったか」を尋ねました。2020年度（1年目）は、「オンラインが難しいかと聞かれればそう思う」、「オンラインでも協働作業ができるし、楽しかった」、「オンラインオンラインを意識したことは特に思いつかない」などと語られていました。2021年度（2年目）は、「オンラインでの協働は難しい、不可能だと思う」、「グループでの話し合いや実際の制作作業などの様々な場面でオンラインを意識した」と語られていました。グループでのものづくり活動において、やりにくさ、難しさ、限界が生じると、オンラインであることを意識するようになるのではないかと思われます。また、受講生が置かれているその時々の環境や状況が、オンラインで活動するということへの向き合い方や意識の持ち方に影響を与えているのかもしれません。

　一方で、主要概念（図3-15の円）の重なりが増えていくと、年度によって活動の様子、状況、環境、参加者などが異なっていても、どのような学びの過程をたどっても、同様に到達できていると思われます。例えば、「協働作業」と「映像制作」が重なる「創造性の転換」は、状況はグループによって多様ですが、「グループで色んな意見が組み合わさって、自分が思っていたものと

図3-15：オンライン授業「映像制作」における学びの全体構造（2020年度の分析結果）

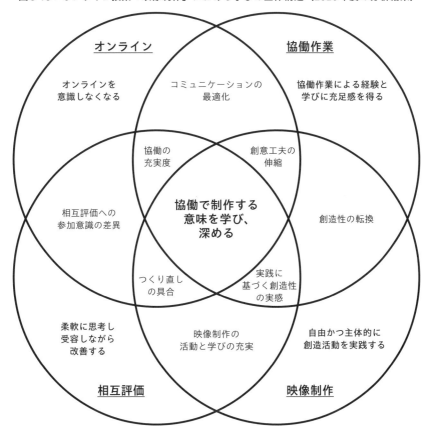

は違う方向性の作品が出来上がった」、「先輩・グループメンバーからアドバイスをもらって、自分が作業していた部分でも様々な作り方を選ぶことができた」などの語りがありました。特に、授業での学びの中心となっている「協働で制作する意味を学び、深める」ことは、2020年度と2021年度の受講生の語りでかなり共通していたと感じています。「楽しかった」という言葉は両方の年度の受講生も言葉にして語っていました。授業での様々な活動への参加を通じて、映像制作の楽しさと難しさを真剣に考え学んだからこそ得られたのが「協働で制作する意味を学び、深める」ことであると考えられます。

5 今後の展望と課題

オンラインで映像制作の授業を実践して、授業内外の多くの活動がリアルタイム式・同期型で行われました。その中で、「個人課題」やグループ制作の中でも「分業」の部分は、オンデマンド式・非同期型で行われていました。受講生同士で交流や活動する場面では、受講生にとっては話をして直接言葉を交わした方がやりやすいという考えに行き着くのだろうと思います。そうであっても、行おうと思えば、オンデマンド式・非同期型で映像制作の授業を実践することも可能なのかもしれません。ただし、受講生の属性も関係するのではないかとも思います。例えば、受講生の中に社会人経験などがある学生がいたら、生活や仕事などからの様々な経験値やノウハウを使って、オンラインでのより良いやり方を早く見つけ出したり、その場の目的に応じてオンラインで行うことに順応したりすることができるでしょう。通学制のMPSの授業でも、受講生の中には授業以外の大学内外での経験を踏まえて、オンラインでリーダーシップを図り、様々なオンライン・ツールや交流方法を提案して、グループ活動しやすい雰囲気をつくったり、コミュニケーションや作業の利便性、効率性を高めたりしている人もいました。オンライン授業にも様々な形態がありますが、映像制作をはじめとするものづくり活動と学習効果と授業形態との関係がより分かっていくと、オンライン授業の可能性も広がるでしょう。

［参考文献］

• Scager, K., Boonstra, J., Peeters, T., Vulperhorst, J., & Wiegant, F. (2016) Collaborative Learning in Higher Education: Evoking Positive Interdependence. CBE—Life Sciences Education, 15(4), 1–9.
• 縣拓充・岡田猛 (2009)「教養教育における「創造活動に関する知」を提供する授業の提案──「創作プロセスに触れること」の教育的効果」『教育心理学研究』57(4)、503–517.
• 池側隆之 (2011)「映像によるコミュニケーション・デザイン──コンテンツにおける創造プロセスの前景化」『デザイン理論』58、35–48.
• 池田玲子・舘岡洋子 (2007)『ピア・ラーニング入門──創造的な学びのデザインのために』ひつじ書房.
• 入江豪 (2010)「「共有」にみる映像情報のゆくえ」『映像情報メディア学会誌』64(1)、36–37.

- 大島弥生（2010）「大学生の文章に見る問題点の分類と文章表現能力育成の指標づくりの試み —— ライティングのプロセスにおける協働学習の活用へ向けて」『京都大学高等教育研究』16、25–36.
- 片桐彩（2019）「高等学校における協働学習に基づいた映像メディア表現の教育的効果（I）」『美術教育学：美術科教育学会誌』40、129–143.
- 鎌倉朝日新聞社（2022）「鎌倉の中学校で映像教育 —— 市内在住の映画監督が指導」『鎌倉朝日』514(2)（2022年1月1日）（http://www.kamakura-asahi.com/index.html〔2023/1/7〕).
- 鎌倉経済新聞（2021）「鎌倉在住の映画監督が中学校で授業：映像制作指導しドキュメンタリー完成」『鎌倉経済新聞』（2021年12月10日）（https://kamakura.keizai.biz/headline/471/〔2022/12/20〕).
- 田口真奈・井上光洋（1999）「映像メディアにおける「映像」の特質に関する研究 —— 絵本とアニメーションの比較を通して」『大阪大学人間科学部紀要』25、191–208.
- 髙橋文子（2016）「協働的な「場を構成する」作品鑑賞 —— 床の間に陶芸作品と絵画を飾るイメージで」『美術教育学：美術科教育学会誌』37、257–268.
- 津田ひろみ（2015）「協働学習の成功と失敗を分けるもの」『リメディアル教育研究』10(2)、143–151.
- 冨永麻美・藤城晴香・保﨑則雄（2021）「オンライン授業「映像制作」による協働作業が学びに組み込まれる様相の分析」『第27回大学教育研究フォーラム（於京都大学）発表論文集』188.
- 冨永麻美・保﨑則雄（2023）大学生がオンラインで映像制作を協働する過程において形成される態度と変容する意識『人間科学研究』36(1)、15–27.
- 昼間行雄（2015）「スマートフォンと動画共有サイトが変えた映像制作の形」『文化・住環境学研究所報：しつらい』6、3–7.
- 保﨑則雄（2002）「映像利用における様々な問題点と課題」城生佰太郎編『映像の言語学（日本語教育学シリーズ第6巻）』おうふう、35–80.
- 保﨑則雄・冨永麻美（2023）「創造性を創発し、協働での学びを育てる授業「Media Production Studies」のデザインと実践、その評価」『商学論集』福島大学経済学部（印刷中).
- 柳沼宏寿（2017）「多様化時代を拓く映像メディア表現の「学びの構造」 —— オーストラリアにおける多文化主義政策の推移を基に」『美術教育学：美術科教育学会誌』38、455–464.
- 早稲田大学情報企画部（2021）「2021年度Media Production Studies授業情報・シラバス情報（シラバス検索―シラバス詳細照会）」早稲田大学（2021年2月17日).

第4章

共有される体感から
かかわり合いを
理解する

1 はじめに

　平成22年に文部科学省はコミュニケーション教育推進会議を発足させ、芸術表現を通じたコミュニケーション教育の推進を掲げました。それまでのコミュニケーション教育を振り返ると、プレゼンテーションの実践として具体化されるように、話し方や視聴覚メディアを使用した情報の効果的な伝達という点が重視されてきた印象でした。一方、新しいコミュニケーション教育においては、芸術分野の創造活動を通じて、他者との協働や対話を促進することでコミュニケーション能力の育成を図ろうとする指針が明確になりました（文部科学省2011）。このことは、コミュニケーションを情報の伝達・受信といった言語的および記号的なやりとりと捉えるだけではなく、交渉、受容、共有といった関わり合いが含まれる相互の意味生成のプロセスであるとの捉え方が反映されたのだと言えます。

　この新しいコミュニケーション教育は、首都圏においては、「芸術家と子どもたち」の活動のように、芸術家と教育現場をつなぐワークショップ活動の実践という形態で精力的かつ継続的に展開され、先進的な実践モデルが蓄積されてきました。特に、ダンスや演劇のような身体や言語を総合的に使用する分野のワークショップ活動においては、言語的活動に限らない対話と協働が含まれており、新しいコミュニケーション教育の理念が具体化されてきたと言えます。プレゼンテーションの実践のような言語と視聴覚メディアを手段とする方法では、意味の解釈に齟齬が生じたり、価値観の相違による軋轢が生じたり、あるいは緊張や不安による阻害があるなど、コミュニケーション自体が機能的な状態になるための条件が複雑です。一方で、ダンスや演劇で実践される身体的活動を用いる方法では、意図をやりとりできたという手応えが身体を通じて直接的に得られることで、コミュニケーションを図ることへの恐怖心を和らげたり、コミュニケーションが上手いと思っていた者が自身の独りよがりに気づき省みる機会を与えたりすることができる可能性があります。このように、コミュニケーション活動を身体というメディアに注目して取り組むことが本章で紹介する実践の基盤となる考え方です。

　人は他者の動きを含み込んで自身の動きを調整的に作り出すことができま

す。たとえば、向かい合って近づいていく（くる）両者が互いにぶつからずに
すれ違う行為がわかりやすい事例と言えます。この「すれ違い」の過程では、
他者の動きによって自身の動きが一部規定されますが、そのことを受け入れ
つつも自身の意図を動きとして直接的に表出し、他者に知覚させることに
よって相互に通行可能な路を了解し合い、提供し合います。このことは主体
同士が相互に他者を含んだ環境において行為することであると言えます。こ
の相互行為の感覚をありありと味わうことのできる実践がコンタクト・イン
プロビゼーション (C.I.) です。C.I.は他者との身体接触を維持しながら、身を
あずけ、体重を支えたり支えられたりしながら、即興的に動きを創るという
現代舞踊の創作方法のひとつです。ある動きが次の動きのきっかけとなり、
どちらかがリードする・リードされるという主従の区別をすることなく協調
的かつ創造的に動きが生成されていきます。C.I.の国内の第一人者である、勝
部ちこ氏と鹿島聖子氏はC.I.の面白さについて「100%の主張と100%の協
調」という象徴的な表現で説明しています (勝部・鹿島 2014)。この表現は矛盾
した考えのようでありますが、相互行為としてのこの活動を的確に表現して
いるとも解釈できます。根ヶ山 (2002) は身体接触について、送り手と受け手
を分化することのできない水平的コミュニケーションであると指摘していま
す。言語的なコミュニケーションに注目しているだけでは、この送り手と受
け手が分化できない間主観的な状態を意識することは難しく、元来そうであ
るコミュニケーションという行為の正しい理解に結びつかない可能性があり
ます。C.I.はこの間主観的な状態をわかりやすく自覚することのできる活動
であり、同時に相互に主体的に働きかけあう創造的なコミュニケーション行
為であると言えます。身体というメディアに注目し、接触によって自覚され
共有される自他非分離の体感をつぶさに感じ取ることで、他者とのかかわり
合いが心地よく維持できていく手応えを得ようとすることが本章で紹介する
コミュニケーション教育のねらいとするところです。

　なお、以下に紹介するコミュニケーション教育の実践は本書第6章におい
て談話を提供している山地弘起氏が長崎大学で行っていた教養教育科目にな
らい筆者が引き継いだものです。授業の主題や学修のねらいを概ね共通のも
のとして引き継ぎつつ、ワークの内容と講義内で解説する概念については、筆

者によって再構成したものとなっています。すなわち、かかわり合いについて身体的な体験から理解しようとする共通の理念とゴールに向かって、異なる方法によってアプローチした実践であります。具体的な差異として筆者の実践においては、現代舞踊の技法のひとつであるC.I.の初歩的な実践を取り入れる点や即興演劇の方法を取り入れる点が挙げられます。また、講義型で解説し紹介する概念については、心理学や認知科学分野の身体性に関する話題を多く紹介したことが変更点として挙げられます。山地氏の実践については書籍にまとめられ、身体心理学の考え方を基礎として自己の身体体験に丁寧に接近して理解を促そうとする方法の詳細が紹介されています（山地 2016）。

2 教育実践の紹介

　授業は、大学2年生を対象とした教養教育科目として8週間（全15回×90分・2コマ連続）で行われます（表4-1）。週に1度、1コマ目は座学で、コミュニケーションの基盤として身体を考えるための基礎知識を学びます。2コマ目は体育館に移動して、実際に様々なボディ・ワークで身体を動かしながらそこで得られた体感を言語化することを繰り返します（表4-2）。成績評価については、表4-3に示す内容を初回授業時に説明して60点以上を合格とします。以下では、本授業において中心と位置づけたボディ・ワーク（C.I.や演劇の方法による）に取り組む体験学習の内容についてその詳細を説明します。なお、C.I.の方法については、筆者自身が参加したことのあるワークショップで複数の講師が同様に実践していた方法を参考にしています。また、演劇の方法については、絹川（2002）が紹介する即興演劇のワークを参考にしたほか、筆者自身が参加したことのあるワークショップで学んだ方法を取り入れています。

【体感ログ】

　本授業では、体験学習を多く取り入れます。そして体験によって得られた自分自身の体感を可能な限り言語化して記録していくログを作成することで、とらえどころのない体感を意識的にとらえようと試みます。履修者は体験学習を実施した後、「体感ログのための準備シート」というワークシートにその

表4-1：授業情報概要

授業科目名	全学モジュールⅡ「文化と対人関係」：身体関係論
受講者	多文化社会学部・教育学部・経済学部・薬学部・水産学部の2年生 60名（30名×2クラス）程度 ※年度によって若干の増減あり
到達目標	a. 自分のコミュニケーションスタイルに気づく b. 自分の身体的体験を言葉にできる c. 他者との関わりにおいて、自分らしい自己表現を効果的に行うことができる d. 非言語行動、身体化された知識、感覚の共有など、授業で紹介された事柄について整理して説明できる

表4-2：授業計画

週	回	学習内容	目標	授業方法	課題
第1週	第1回	オリエンテーション アイスブレイク からだ言葉	d	講義 グループワーク	①体感ログをつける ②春木豊「からだ言葉の心理行動学」について疑問・意見・感想をBBSに書く
	第2回	〈ボディ・ワーク〉自分の身体とのかかわり① からだ言葉の体感、歩く、ボディ・スキャン、TAEによる自己表現の導入	a b c	体験学習 ワークシート	
第2週	第3回	コミュニケーションの身体的基盤 ボディ・マップ、体性感覚と平衡感覚、ボディ・スキーマ、ペリパーソナルスペース	d	講義	①体感ログをつける ②TED動画「音で『見る』ことで、世界を動き回る方法」についてBBSに書く
	第4回	〈ボディ・ワーク〉自分の身体とのかかわり② 棒を使ってバランス、道具の使用によるペリパーソナルスペースの拡大、棒でつながって動く	a b c	体験学習	
第3週	第5回	感覚の共有とまなび① Knowing how、暗黙知、心の理論、共同注意、身体化シミュレーション、バイオロジカル・モーション	d	講義	①体感ログをつける ②TED動画「コミュニケーション中の脳の反応」についてBBSに書く
	第6回	〈ボディ・ワーク〉他者とのかかわり① 指でつながって散歩、鏡になる、手を合わせて動く	a b c	体験学習	
第4週	第7回	感覚の共有とまなび② 学びや認知発達に関する理論背景の変遷（行動主義・認知主義・状況論）	d	講義	①体感ログをつける ②苅宿ほか「まなびほぐしのデザイン」について疑問・意見・感想をBBSに書く
	第8回	〈ボディ・ワーク〉他者とのかかわり② 二人で息を合わせて歩く、司令塔探し、身体を支え合う	a b c	体験学習	

週	回	学習内容	目標	授業方法	課題
第5週	第9回	ワークショップの構想① 他者とかかわり合うワークショップの設計	c	グループワーク	①体感ログをつける ②ワークショップ案プレゼンの準備
	第10回	ワークショップの構想② 〈ボディ・ワーク〉他者とのかかわり③ 4人で同じように動く	a b c	グループワーク 体験学習	
第6週	第11回	ワークショップ案のコンペ	c	グループプレゼンテーション	①体感ログをつける ②ワークショップ実施の準備
	第12回	〈ボディ・ワーク〉他者とのかかわり④ 即興でお話づくり ワークショップの準備	a b c	体験学習 グループワーク	
第7週	第13回	ワークショップ実施	a b c	ワークショップ	①ワークショップの振り返りと成果についてBBSに書く
	第14回	ワークショップ実施	a b c	ワークショップ	
第8週	第15回	〈ボディ・ワーク〉他者とのかかわり⑤ ワンボイス ワークショップのふりかえり	a b c	体験学習 グループワーク	①体感ログをつける ②最終レポート

表4-3：成績評価の方法

評価対象課題	実施方法	配点と評価観点
体感ログ	毎週の体験学習（ボディ・ワーク）を踏まえて、その体感を言語化して記述する。LACSの課題機能を使い、提出する。 ※提出期限は授業実施日から三日以内	■5点満点×7回＝35点満点 ■ルーブリックにもとづいて評価する ※遅れての提出も次の授業開始前まで認めるが、得点から－1点
予習復習課題	授業の内容と関連する書籍（抜粋）、論文、動画などを読んだり視聴したりしたのち、その内容についてBBSにコメントを書く。単なる感想だけでなく新たな疑問をもち、考え、意見が書かれることを期待する。他者の意見や問いかけに答えるかたちの書き込みも可とする。教員からは、次週の授業の冒頭に口頭でそれぞれのコメントへのフィードバックを行う。 ※提出期限は次の授業実施前日まで	■5点満点×4回＝20点満点 ⇒感想程度の書き込みは3点として、考察が深まっているものや興味深い問いを立てたものに対しては加点していく ■追加点1点満点×4回＝4点満点 ⇒他者の書き込みに対するコメントをした場合、追加点1点を与える。 ※遅れての提出も次の授業開始前まで認めるが、得点から－1点

評価対象課題	実施方法	配点と評価観点
プレゼンテーション	グループでアイデアをまとめたものを発表する。	■10点満点×1回＝10点満点 ■プレゼンテーションルーブリックを用いた相互評価を含む ■グループメンバーは同一点とする
体験学習やグループワークへの取り組み	体験学習やグループワークに主体的に参加する。	■11点満点 ■教員の観察による
レポート課題	授業で取り組んだ様々な学びを踏まえて、レポートを書く。テーマは教員が提示する。	■20点満点 ■ルーブリックにもとづいて評価する

表内「LACS」は長崎大学のLMS（Learning Management System）の名称

表4-4：体感ログのルーブリック

レベル	1	2	3	4	5
得点	0点	1点	2〜3点	4点	5点
体感ログの評価	活動に参加していない。もしくは、体感や得られた気づきについて、表現できていない。	体感や得られた気づきについて、単語で表現することができている。	体感や得られた気づきについて、言語化できているものの、情報量が不足している。	体感や得られた気づきについて、言語化できている。	体感をつぶさに描写、言語化できており、それをもとに、得られた気づきと意識変容を説明できている。

日の体験で体感した自身の身体の様子や他者とのかかわり合いの際の感じについてメモ書きを残します。シートは「個人でのふりかえり」および「ペアとのふりかえり」の2つの欄に自由記述する形式で、授業時間中に作成します。作成した準備シートをもとに、各自で清書したものを体感ログとしてLMSを通じて提出します。ログの作成にあたっては、表4-4に示すルーブリックを評価基準として目標設定します。また、体感の言語化のこつをつかむために、TAE（Thinking At the Edge）による文章表現の方法（得丸 2008）を紹介し、参考にしました。TAEはユージン・ジェンドリンとメアリー・ヘンドリクスによって開発された思考法で、身体のフェルトセンス（felt sense）に注目して思考を促すものですが、その方法論を基礎として絵を描いたり、文章を書いたり

する実践に応用したものとして得丸の方法を参考にしています。またログ作成にあたる全般的な注意としては、講義で体性感覚やボディ・スキーマについての説明をする際に、身体の状態については、意識下で処理されて感じとることのできないものも意識を向けるととらえられるものも様々あることを伝えています。

【自分の身体とのかかわり①：からだ言葉の体感、歩く、ボディ・スキャン、TAE】

　第1週目の体験学習では、自己の体感をとらえることをねらったボディ・ワークを実施します。1コマ目の授業で取り上げたからだ言葉について、体感を想像しながら言葉の意味を読み解きます。履修者それぞれが調べたからだ言葉を紹介してもらい、その意味がどのような体感と結びつきそうかについて車座になって言語化します。納得感のある表現もあれば、意味をとらえにくい表現もありますが、成り立ちを考えながら言葉と身体の関連を理解します。

　次に、ウォームアップとアイスブレイクを兼ねて12メートル四方程度の空間を一人ひとり自由に歩き回るワークを行います。歩いている途中で、「できるだけゆっくりと止まらずに」や「互いの距離が最大になるように」といった様々なお題を出して、自分の身体のコントロールをしながら周囲に注意を払うように伝えます。

　身体がある程度温まったところで、ボディ・スキャンの方法で自身の身体の「今の感じ」を「観察」します。ボディ・スキャンは、マインドフルネスの方法のひとつとしても紹介されるもので、自分の足先から頭頂、指先、骨・関節、筋肉、など身体の隅々に意識を向けて、感覚をとらえていくものです。日常的には意識することの少ない身体の様々な部位の体感を探り自分の身体の状態に気づこうとするねらいがあります。脱力して立った状態でゆっくりと深い呼吸を継続しながら、下から上へと順番に部位を変えながら体感を確かめていきます。重心がどの辺りにあるかを探りながら軽く身体を揺らしたり、床に仰向けに寝転がったり、ゆっくりと姿勢を変えながら、各々が自分の身体の今の体感を探ります。なお、ボディ・スキャンは初回以降すべての体験学習時に繰り返し取り組みます。初めは筆者が声掛けしてリードをしますが、段階的にリードをなくしていき、最終的には、決められた時間内（10分

程度) にひとりで行うことができるようになります。

　第1週目の仕上げとして、体感ログの記述に向けてTAEの初歩段階の方法を実践します。体感を絵に描き、描いた絵を言葉で説明するという方法です。絵を描く際に、人間の身体の形状にとらわれずに感じ取った体感を直接的に色や形にして描きます。本授業ではこの方法について、履修者にとって少しわかりづらいと判断したため、イメージをつかむことを目的としてワシリー・カンディンスキーの抽象画を紹介しました。カンディンスキーは20世紀初めから中頃にかけて活躍したロシア出身の画家で、抽象絵画の創始者として位置づけられていて、本活動の趣旨を説明することに適した作品だと考えます。授業ではクレヨンと画用紙で今の自分の体感を描き、その絵について、自分の言葉で説明し合います。この「描いた絵を説明する」という過程において、とらえどころのなかった体感を言葉でとらえることができます。その説明に用いた言葉をもとにして体感ログを清書します。

【自分の身体とのかかわり②：棒を使ってバランス、道具の使用によるペリパーソナルスペースの拡大、棒でつながって動く】

　第2週目の体験学習も引き続き自分の身体についての理解を促すことを目指します。特に、道具を手にしたときに自分の身体と道具をどのように体感して、どのように使えるかということに注目します。準備運動としてストレッチと前述の歩くワークとボディ・スキャンを十分に行います。

　道具を使ったワークでは、長さ1メートル、太さ10ミリメートルの木製の丸棒を用います。子どもの頃に箒を手のひらに立ててバランスをとって遊んだ経験がある人は多いと思いますが、ちょうどその要領で、バランスをとる遊びをします。他にも、人差し指の上に水平に乗せた棒をヤジロベーのようにバランスをとってみたり、その状態で歩き回ったりもします。すれ違いざまに棒がぶつからないようにするには、棒の先端がどこを通過するのかに気をつける必要がありますが、実はさほど意識しなくてもそれができることに気づく履修者もいます。たとえば、傘をさして歩いているときに、我々は傘の先端が壁やすれ違う通行人の傘にぶつからないように歩くことができます。車を運転していれば、操縦している車が前方の道幅を通過できるかどうかも

直感的に判断できます。これは、自分が操る道具に対して、その道具の分だけ自分自身の身体が拡張してとらえられていることを示唆します。このワークを通じてそのことに気づくことが目指されます。

　手にした棒によって自分の身体を拡張できたら、棒の数を半数にして、ペアでの活動に移ります。棒の端を人差し指で支え合いながら協力して棒を持ち上げて運びます。棒を通じて相互に圧力を維持していくことによって上手く運ぶことができますが、気を抜くと落としてしまいます。履修者の様子を観察すると、互いに遠慮し合って恐る恐るしているペアは上手く運ぶことに苦労しているようです。1メートルの棒の先に相手の指があり、身体があることを意識して指先に伝わってくる変化をとらえると、安定して動くことができます。また、ペアの主張と受容のバランスがどちらかに偏ってしまうと、それが歩き方や動き方にも反映されて、不安定になることにも気づけるとこれに続くワークでの相互理解にもつながります。その後は再び棒の数を増やしていき、ペア同士をつなげて全体がひとつの円にします。つなげる途中で人が増える度に息を合わせることは難しくなっていきますが、徐々にこつを摑んで一体感がでてくると、完成時にはちょっとした高揚感を共有することができます。

【他者とのかかわり①：指でつながって散歩、鏡になる、手を合わせて動く】

　第3週目からは、自分の身体に注目するだけでなく身体の接触を通じて他者の意図を受け取り、自分の意図を他者に伝えることに取り組みます。本章の冒頭で紹介したコンタクト・インプロビゼーションの初歩的な方法の導入です。ストレッチ、歩くワーク、ボディ・スキャンを十分に行ったあとで、ペアの活動を始めます。

　ペアを組んだらリーダーとフォロワーを決めます。フォロワーは目をつぶり前方を指差す様に人差し指を出します。リーダーはフォロワーの人差し指の腹に自分の人差し指の腹を触れた状態にして、歩き始めます。接触しているのは指の腹だけですが、それでも十分に意識を向けていれば誘導される方向、停止、始動などの変化を受け取ることができます。リーダーはあまり乱暴にならないように配慮しながら上手く導くことを心がけます。言葉を一切

使わずに、始動、移動、方向転換、停止、などの動きを繰り返していくと段々と意図の受け取りができるようになり、歩調も合い、目をつぶっていても自然な動きができます。普段意識することは少ないものですが、指先はかなり繊細な変化をとらえることができることを知る興味深い体験にもなります。（指先でつまめる小さな振動デバイスに非対称振動を与えることで、牽引力感覚を生成させ、人を誘導する研究もあります（雨宮 2017）。）

　次は、ペアで向かい合って立ち、互いの動きを鏡のように再現していくワークです。ここでもまずはリーダーとフォロワーを明確に決めて行います。身体を固定したポーズをとるのではなく、動きを止めずにゆっくりと動きを維持するとフォローもしやすくなります。腕だけの動きから徐々に全身を動かすように声掛けをします。一人ひとり異なる身体を持っている我々は、身体の使い方、可動域、姿勢の癖などが様々であると言えます。鏡のように動くワークでは、自分にとって自然な身体の使い方が他者にとっては不自然であるという差異を理解することができます。さらに、お互いにリードとフォローを経験し終えたところで、発展的な方法として、リーダーとフォロワーの役割を明確に決めずに、役割を自由に交換しながら鏡の動きをするということに挑戦します。このようにすることで、相互に動きをつくっていく対話的なやり取りが必要となります。一方的にリードだけする者、フォローに徹する者、柔軟にリードとフォローを交換する者など、活動後にペアでふりかえりを行うと自分にとって心地の良いスタンスが浮き彫りになってくることが興味深いところです。この自覚を基盤として、必要なときに主張と受容を柔軟にできることがその場の創造的な進展につながるということの理解につなげていくことがねらいです。

　最後に、向かい合って手の平を合わせて動きをつくるワークをします。接触を維持して、お互いの押し引きの圧力を感じながら歩き回り、身体を動かします。接触が維持できていれば、手のひらだけでなく手の甲や腕や肩まで、接点をスライドさせていくことも試みます。鏡のワークでは、相手の動きを視覚的にとらえ続ける必要がありましたが、接触があれば視覚に頼る必要はなく、より直接的に相互の意図の交換が可能となります。こちらも、リーダーとフォロワーの区別をすることから始めて、最後は区別なしに動きをつくる

ように進めます。このワークは次に説明する身体を支え合いながら動きをつ
くるワークと合わせて、以後の活動で毎回取り組みます。

【他者とのかかわり②：2人で息を合わせて歩く、司令塔探し、身体を支え合う】

　第4週目には、前週に取り組んだことの発展に取り組みます。一連のウォー
ムアップのワークを十分に行ってからワークに移ります。歩くワークについ
ては、少し変化を加えて、2人で横並びになって息を合わせて歩くこととし
ます。声を出さずに、始動、移動、方向転換、歩速の変化、停止などを一緒
に行います。

　司令塔探しのワークでは、クラスを2つのチームに分けて活動します。一
方のチームは、司令塔となる者を1人決め、その者の歩速に合わせて決めら
れたエリア内を歩きまわります。もう一方のチームは、エリアを囲むように
して、動きを観察しながら、誰が司令塔の役割をしているかを当てることが
できたら勝ちです。司令塔になった者は敵に気づかれないように、仲間には
わかるように、スピードをコントロールできるかが問題です。同時に、仲間
のフォロワーも司令塔の動きやチーム全体の動きの変化に注意をはらい変化
を受け取れるかが問題となります。

　身体を支え合うワークでは、ペアをつくって背中合わせに体重を支え合う
ことから始めます。接触を維持しながら、互いの体重、重心の変化、重力を
意識して、動きをつくっていきます。ロール、スライド、ピボットなど具体
的な動き方も見せますが、動きは無理矢理にではなく、重力と互いの体重を
支え合うバランスによって自然と絞り込まれていく感覚をつかむように伝え
ます。1つの状態から次の状態への兆しを受け取り、そこへ向かって行くこ
とを繰り返すと、動きが維持されます。相手と一体となり支え合う中に小さ
な変化を感じとったり、自ら小さな変化を加えたりしていくことで相互に主
体的でありつつ、時に自ずと動きが決まってくるような不思議な体感を得ら
れます。この体感にかかわり合いの面白さがあると筆者は考えています。言
語的なコミュニケーションでは気づくことが難しいこのような対話状態を、
身体というメディアを用いて直感的にとらえられることが本実践の最も大切
にするねらいです。このワークについても、4週目以降、繰り返し取り組み

ます。ペアワークは基本的に毎回相手を変えて取り組むため、それぞれの個性を感じることができる点も重要視しています。

【他者とのかかわり③：4人で同じように動く】

　第5週目には、1対1の関係だけでなく、多人数で一体的に動くことにも挑戦します。4人が横並びになって歩きながら互いの動きを真似ます。リーダーとフォロワーの区別を作らずに、全員がリーダーにもフォロワーにもなるという状態で、流動的に主導権を交換していきます。相互に意識を向けるべき相手が複数となり一体感のある動きになることはとても難しいワークでもあります。また、動きの起点となる主張をできるメンバーが偏ってしまう場合もありますが、独走していないかどうか、お互いに受け取ってもらえる安心感を持てているかどうかを口頭で確認しながら進めます。

【他者とのかかわり④⑤：即興でお話づくり】

　第6週目と第8週目には、言語的なワークも取り入れます。これまで、ボディ・ワークとその体感を記述することを通してかかわり合いについて考えてきましたが、その成果を言語活動にも活かそうとすることがねらいです。即興演劇の方法として絹川（2002）が紹介している、イエスアンド、イエスアンド・専門家、ワンボイス、などのワークを参考にして実施します。即興すなわちインプロとは「既成概念にとらわれないで、その場の状況・相手にすばやく柔軟に反応し、今の瞬間を活き活きと生きながら、仲間と共通のストーリーをつくっていく能力」（絹川 2002）です。本授業では特に言語的なインプロゲームを援用していますが、中には身体をつかったワークも様々あり、コミュニケーション教育の実践方法として充実しています。

3 実践の理論的な背景

【本実践のコミュニケーション能力観】

　コミュニケーションの能力観を言語的なメッセージのやりとりという狭いとらえ方から塗り替えていくためには、コミュニケーション行為についての

丁寧な分析によって、切り離せるものと切り離せないものを明確にし、考えるべき最小単位が何であるかを規定する必要があります。人と人のコミュニケーション行為の検討の基礎となる分析は、認知科学や発達心理学の分野で蓄積されてきました。Gibson（1966）は、アフォーダンスの理論において能動的な動きを介して環境の中にある不変項を探るという行為と知覚の相互的な関係についての考え方を示しました。それに先んじて、Dewey（1896）は感覚 - 運動協調の統合ループによって知覚発達を捉える見方を提示していることも重要です。これらの議論は、身体の能動的な動きと環境が不可分なものとしてあることを前提として知覚発達が成立していることを示しています。また発達心理学分野においては、鯨岡（2006）が間主観性についての議論を発展させて、養育者と子どもの関係発達を相互主体性という概念で捉えることを提案しています。このような議論を背景とすると、コミュニケーション行為とは、ちょうど環境世界を生き物が歩き回るように、能動的な探索によって他者の意図を知覚し、それに対して自身の反応を表出することであり、それが他者にとっても同様の活動としてあることで、相互主体的に共有される一定の意味を発見しようとする活動であると考えることができます。

【体感を言語化する意義】

　本実践では前述のようなコミュニケーション能力観を背景として、間主観的すなわち相互主体的に意図を共有することが比較的わかりやすく、直感的に捉えられる活動として接触を伴う様々なボディ・ワークに取り組むこととしました。他者との意思疎通の手応えを感じることを、かかわり合いを効果的に行うための第一歩として位置づけています。そして、手応えを体感として捉えられたなら、その体感をことばにすることで対象に据えて、より良い状態に進展させていこうとします。諏訪（2016）は「からだメタ認知」と呼ぶ方法論を提案して、体感をことばで捉え、身体を変容させていく過程を説明しています。アスリートが自分自身の身体を巧みに操り、こつを体得して、スランプを克服していく過程において、体感を言語化することが重要であるとしています。本実践では身体の操り方そのものの変容を目的とはしていませんが、他者を含んだ状態での体感を言語化していくことで、かかわり合いが

上手くいっている感じ／上手くいかない感じを捉え、対象とすることで、効果的なかかわり合い状態を探ることに取り組んでいます。ことばで捉えるということは、曖昧で客観性に欠けるという指摘も可能ですが、重要視するのは客観的な説明ではなく、通常では意識に上りにくい体感をことばの網ですくって、自分が観察できる状態にすることであり、その観察を通じて自分なりの理屈で説明できることだと考え、言語化する活動を位置づけています。

【ワークショップ型の実践であることの意味】

　筆者はこれまでに、芸術分野のワークショップの実践にコーディネータ兼ファシリテータとして継続的に関わってきた経験があります。ワークショップの根底にある学習観は、広石（2005）が指摘するように、参加と協働によって身体性を伴った深い気づきと反省的思考を促し「意味生成の自由な学び」を生起させることを重視するものです。先に取り上げた文部科学省のコミュニケーション教育推進会議においてもワークショップ型の実践が想定されています。このような創造と学びの場におけるコミュニケーションは、活動の目的によって方向づけられ参加者が共有する文脈と状況に埋め込まれています。また、参加者個人個人の経験が持ち寄られ、創作行為に意識的もしくは暗黙的に活用されることで、歴史や文化の影響も反映されることになります。すなわち、異なる他者によって持ち込まれる経験や文化が新たな触発となると言えます。さらには、このような場では個人と個人が言語のみならず、基本構造は同じでも一人ひとり異なる身体を持っていることで、同じ環境世界で意図を共有しながら探索的に行為している状態であるように思われます。このような様態を念頭におくと、創造活動の場における主体間のコミュニケーションは、単に情報を送受信しているということではなく、状況、文脈、歴史、文化、環境、身体、が不可分にして影響し合う相互行為として捉えることが妥当であります。そして、ワークショップ型でコミュニケーションそのものを対象とした学びの機会をつくることで、要素還元主義に陥らず、より適切な理解に繋げられると考えます。

4 収集データから見えること

　本授業を履修した学生が実際にどのような体感を得て、それによって何を考えたのかという点は授業を評価する上で重要です。ここでは授業で毎回繰り返して記述している体感ログをまとめることで検討します。ただし、体感ログを分析することは、本授業の理論的一般化に直結するものではないと考えます。体感ログに書かれた言葉は、体験者自身の主観的な体感についての記述であり、その言語化の精密さについても限定的なものであるという限界があるためです。そうであっても、同じ活動を経験した様々な人の主観的な語りを分析することは、その活動を通じた学びの様相を明らかにする緒となります。よって、学生らの反応が良かったワークに関する記述を体感ログから取り上げて、分析することとします。具体的には「指でつながって散歩」および「手を合わせて動く（C.I.の導入）」についての記述を取り上げます。

　2018年度に実施した2クラス（履修者合計41名）で提出された73件（指でつながって散歩：36件、手を合わせて動く：37件）の体感ログを対象として、記述内容のカテゴリ分類を行いました。総字数は15,788字（指でつながって散歩：8,807字、手を合わせて動く：6981字）で、文章から体感について記述され一意に解釈できる文節を抜き出したものをカテゴリ分類しました（表4-5、表4-6）。

　「指でつながって散歩」の活動に関連する記述を分類して抽出された概念カテゴリは20個です。「視覚遮断による不安」について比較的多くの記述がありました。ペアを組んだ相手のリードがあるとは言え、普段することのない行為に不安と恐怖を感じたという記述でした。この不安は身体的なレベルでは、「恐怖と身体の緊張」という形で力が入って縮こまった体感として記述されています。一方で、この不安感をもって日常生活における「視覚の優位性」を理解した者もいました。さらには、視覚が遮断されていることによって、通常の歩行とは異なる体感を得ていたことも記述されています。それは「視覚遮断による身体の変化」にあるように、足の運び方の変化や聴覚が敏感になるなどの変化です。視覚以外の感覚モダリティが敏感になったことで、聴覚、まぶた越しの光の変化、すれ違いざまに感じる風圧を探りながら「環境を拠り所にする気持ち」が働き、不安を和らげていたようです。このよう

表4-5：体感ログ記述内容のカテゴリ分類「指でつながって散歩」

カテゴリ［記述数］	記述例
視覚遮断による不安 ［11］	目をつぶっていたため光の当たり方などが変わり暗くなると少し怖かった。／視覚を遮断して動くこと、特に歩くという事は重要な情報入手手段がないため非常に恐怖を感じた。／ペアの指先にふれただけの状態で目を瞑って歩くというのは、何かにぶつかりそうでとても怖かった。
動きの変化の要点 ［10］	指先だけで動かされるとき、自分の腕の縮小加減で距離を測ることができ、方向が変化するときも、指への圧力の変わり方で知ることができた。／指の腹の肉や皮が相手の指の動きに合わせて動き、その圧力や摩擦に頼って進行方向を感じ取っていた。
信頼感の増加による 不安軽減 ［7］	ある程度時間がたつと、ペアの人に対する信頼関係が芽生え、次第に恐怖心は消えていくように感じた。／今回のペアは気持ち的にも難易度的にも容易にできたと思う。その理由は今回のペアが普段共に行動している友人だからだと思う。日常生活を過ごしているために行動全体の指導権の交換や行動の推測などが容易に行えた。このようなペア間の行動になると信頼度や友好関係によって行動に制限ができてしまうのかも知れない。／回数を重ねれば重ねるほど信頼感や安心感がうまれ相手に体を任せることができるようになった。
視覚遮断による 身体の変化 ［6］	目をつぶるとつま先から足を着地させるようになり、重心は前のめりになった。これは視覚からの情報が遮断されることにより、前に障害物がないか確認がとれないためだと考える。／目をつぶって歩くには視覚以外で情報を得るしかなく、パートナーと接している指の触覚に一番集中し、足音や空調が聞こえる聴覚も敏感になった。
リードの工夫 ［5］	相手を曲がらせるとき自分が先に曲がるというよりは指を曲がる方向に動かし相手が曲がり始めたことを感じ取ってから自分も曲がるという一連の流れがあった。／私が案内人になった時は、指先をペアの体に寄せたり離したりして、歩くスピードを調整した。
環境を拠り所にする 気持ち ［4］	自分がどこにいるのかわからない状態で無意識に壁を探している自分がいましたが、それは壁という物体への安心感を求めている行動なのかなあと思いました。／人とすれ違ったときに体が感じる風や、知覚で聞こえる音にも意識を集中させていたようである。
身体についての 気づき ［4］	人は複数の体感で情報を得ており、何かが欠けると他の感覚を研ぎ澄まし、補うということに気づいた。／自分が視覚を奪われている状況下においては視覚を補おうといろいろな感覚が研ぎ澄まされた結果、相方と自分の間で距離感の認識に差が出ていたことである。
恐怖と身体の緊張 ［3］	人差し指にすごく力が入っていることを感じ、見えないことの恐怖心から歩くスピードが遅くなっていました。／周りが見えなくて怖いと感じている時は、体が自然と縮こまっているようでもあった。

カテゴリ［記述数］	記述例
視覚の優位性［3］	目から入ってくる情報がいかに大切なのかを改めて感じることができた。／動かなかったり、移動がなければ視覚がなくても強い恐怖感をおぼえないが、歩くという移動が生じる行動では視覚に強く依存している。／最初は研ぎ澄まされていると感じたが、本当は、いつもこのようなのに、「視覚」に頼りすぎて、他の知覚への認識が疎かになっていただけかもしれないと、ワークを終えて感じた。
感覚の拡張［3］	「私」の付属物がもう一つあるだけのような、それこそ棒を持った時のように「私」の感覚が延長されたような感覚であった。／相手の腕の動きから次の動きを予想することはもちろんだが、多くは相手の気配を感じながら次の行動を予測していた。棒を体の一部と感じたように、指先だけを繋げることで見えない相手の存在を確認することができたのではないだろうか。／お互いの指が一体化したような「自然な」感覚があった。
相手の状態がわかる［3］	はだを合わせたまま動く際には、目をつぶっていても相手がどの方向を向いているかどんな体勢なのかがある程度わかったため、相手の体を一周させるように誘導するといったことも行えた。／指の皮膚の動きや方向を変える時などに感じる指への圧によって相手の意思が伝わってきた。／相手の身体の向きが変化したり、相手との距離が近づいたりすると、それが触れている人差し指を通して伝わってきたため、すぐに相手を信用して歩けるようになった。
楽しさ［3］	そして何よりも、自分一人で行なうよりも誰かと行動を共にすることによって、楽しいという感情が生じた。／目をつむって歩くワードにおいては、上記のように恐怖もあったが、コツをつかめばペアと楽しめたように感じる。／だんだんと慣れていくうちに、普通に歩けるようになっていくのが自分でわかって、おもしろいなと思った。
慣れる［2］	これを繰り返すうちに相手の主張や行動に慣れ、自分がどれくらい情報を受け取れればいいのか、どれだけリードしてあげればいいのかということがわかってきたのだ。／目をつぶった状態への慣れから変化が起きたのではないかと思う。慣れてくると、完全に相手にゆだねているのでかすかな反応で曲がったり止まったりを感じ取れた。
一体感による混乱［2］	反対に最も引き連れにくかったのは指だ。理由は、指であるとお互いをお互いに自然に感知出来るが故に自己と他者の境目が分かりづらく相手の意思をくみ取りにくかったからだ。／無抵抗に流れていく感覚であり、スケートリンクを滑るようなスムーズな感覚であり、無抵抗すぎるがゆえに動きに変化がない場合（単調な動きや停止したとき）への反応が遅れる傾向にあった。
一体感による不安の軽減［1］	しかし、意識を相手の指に意識して、精神や体を全部相手に預けると、なぜだかその恐怖がなくなってしまった。指一本でこれだけ一体化できるのはすごいと感じた。

カテゴリ［記述数］	記述例
動きから気持ちを察する［1］	ペアの指先はすごく温かくて、ゆっくりゆっくり進んでいて、言葉はそこになかったけれど「次はここに進むよ」「大丈夫?」と言っているようであった。
日常のかかわり合い方についての気づき［1］	日常生活の中で自然に行なっている相手との接し方を見直す機会となった
相手に任せる［1］	今回の講義の中での行動を通して、案外自分の情報よりも、相手の情報の方が信頼できるということに気づくことができた。目を閉じているときなどは特に、自分が感じている情報だけでは前に進むことはできなかった。
意図をくむ難しさ［1］	指先だけで相手の情報を読み取ろうとするのは難しい。
拠り所の差異［1］	私は指先の感覚に意識を集中させたのに対して、ペアのＡさんは視覚が閉ざされている分聴覚や人とすれ違う時の気配・風に対して敏感になったと全く違う感覚を持っていたことが面白いと感じた。

表4-6：体感ログ記述内容のカテゴリ分類「手を合わせて動く」

カテゴリ［記述数］	記述例
接触から動きの意図をくむ［10］	相手からの圧力でどこに動かすのかを感じることができた。／手を接して動かしたときは、接しなかったときよりなめらかに動けたが、誰がリーダーか決めないでしたので、相手の意図を手の震えから察し合ったりして、動いていた。／無意識に同じ動きを繰り返してしまうこともあったが、相手の動きをじっと見て意識した結果、言葉にして「今、相手が主導権を握っている」という暇もなく、細かく感覚的に移り変わっていると感じた。相手の手と直接触れ合うと、触れてない時よりも明確に手をどちらに動かしたいのかという相手の考えをすぐに受け取ることができた。このことから、接触がある場合とない場合では相手の意図の伝わり方が異なると感じた。
主体感の喪失［6］	接触していた時は、リーダーかそうでないかの境がよりあいまいになったようだった。自分で動かしているような感覚もあり、その一方でついていくような感覚も確かにあった。動作の主体は私なのか、相手なのか、私の腕を自発的に動かそうという意思はどこまであるのか、それすらもはっきりしなくなるような不思議な感覚だった。／自分や相手が主導権を握っていた時は相手がついてくる信頼感が伴っていたため、どこに動かすのかという意識がまわっていた。しかし、どちらも主導権を持っていないときはどちらが指導権を持っているのかが分からなくなったため、何を指標として動かしているのかが分からない状態であった。その時に自分が意識をもって動かしたら相手もついてきて、相手も意識をもって動かしているため自分がついて言っている感じもあった。／自分がリードしているようで相手にリードされている不思議な感覚になった。

カテゴリ［記述数］	記述例
単調な動き［4］	主導権がどちらにあるか互いにわからなくなったときは、無意識に同じ行動を繰り返していた気がした。／リーダーを決めないで手を動かすと、どちらが手を動かしているのかよくわからなくなり、そのような状況になると決まってくるくると、円を描くような動きをとってしまいました。／主導権を決めてやるときは何の問題もなかったが、きめずにやったときはお互い円をずっと描いてしまい、意識しないと異なる動きはできなかった。
主導権の受け渡しの困難［4］	同じ学部の仲のいい友達と行ったためお互い主張があり違う方向に行こうとして手が離れることが何度かあった。主導権を握るときと譲るときの切り替えができてなかったと感じた。気を許している友達としたからこそ起こったことだと思った。／手の動きを合わせる活動では、互いに我が強くなるタイミングがあって、その時に関しては動きが合わなくなりもたついたりした。逆に、お互いが譲り合っている時は動きが止まりそうになったりした。
身体についての気づき［3］	自分が誘導されるとき、からだに力が入るのがわかって、それは必死に相手の動きについていこうとしているからなんだと思いました。／相手に動きを合わせようとしている時は妙に腕の筋肉がつかれた。

に視覚なしで動き回ることの不安を自分の身体の感覚を最大限発揮して対処しようとするケースがある一方で、「拠り所の差異」や「相手に任せる」という記述に表現されているように、ペアのリードすなわち、指先の微細な変化から受け取れる「動きの変化の要点」をとらえて、そこでつながる他者を拠り所として動き回ろうとした場合には不安があっても冷静に対処し、比較的容易に動き回ることができていたようです。それができていた者は「相手の状態がわかる」という趣旨の記述をしており、相手のリードを信頼した上で、そこに集中することで相手の身体の動きを通じて自由に動くことができていたと言えそうです。また、リードする側においても「リードの工夫」を様々に行うことで、相手に自分の動きの意図を全身で伝えようとしていたことがうかがえます。ただし、「意図をくむ難しさ」の記述のように終始上手くできなかったと感じた者も一定数いたようです。「信頼感の増加による不安軽減」については比較的多くの記述がありました。既知の仲間であれば、初めから信頼があり容易に行動できたという記述もありますが、初対面であっても、回数を重ねるうちに信頼が醸成されたようです。これについては、他者との

関係構築において基本的に心的距離を縮めることが得意な者は互いに上手く信頼を醸成していたようです。「一体感による不安の軽減」という形でもそれが表現されています。一方で、心的距離を保とうとする場合、他者のリードに任せるよりも自身の感覚を拠り所として動こうとしていた可能性があります。単に目をつぶった状態に「慣れる」ことでも相手に身を委ねることができるという記述もあります。総じて、かかわり合が促進し、自由なやり取りができるようになるために信頼が構築される必要があるということは、身体的なやり取りにおいても言えそうです。そして信頼があることでかかわり合いの活動は「楽しさ」を感じ得る活動になるでしょう。身体的なやりとりでのかかわり合いに関する理解を「日常のかかわり合い方についての気づき」として発展させて考えられる者もいました。また、「動きから気持ちを察する」という形で体感として得られた相手の意図を相手の感情として、言語に代わる伝達により受け取る記述もありました。興味深い点として、「一体感による混乱」という記述があります。自他の境目がわかりづらくなることで、リードされる感じが薄れてしまい拠り所を見失ったという状態だと考えられます。これは、次の「手を合わせて動く」活動で「主体感の喪失」として記述されたこととも関連する概念であると考えられます。活動を通じた理解の深まり方をログの記述内容から得られたカテゴリを用いて図式化すると以下の通りにつくることができました（図4-1）。

「手を合わせて動く」の活動に関連する記述を分類して抽出された概念カテゴリは16個です。「接触から動きの意図をくむ」ということができていたことに関する記述が比較的多くありました。他のワークの成果もあってか、接触した身体の動きの中に相手の意図を発見してそれをフォローすることや、自分の動きたい方にリードすることができており、そのリードとフォローの入れ替わりが柔軟かつ細かく生じていることを体感できている者もいたようです。このワークの直前には鏡になって向かい合った相手の動きを追いかけることもしていましたが、接触がある方が明確に相手の動きの意図が伝わることも指摘されています。上手くできたという体感を得られた者がいる一方で「主導権の受け渡しの困難」を感じている者も一定数いました。特に、相手との関係が親密であることがかえって遠慮の無いかかわり合いになった場

図4-1：活動を通じた理解の深まり方「指でつながって散歩」

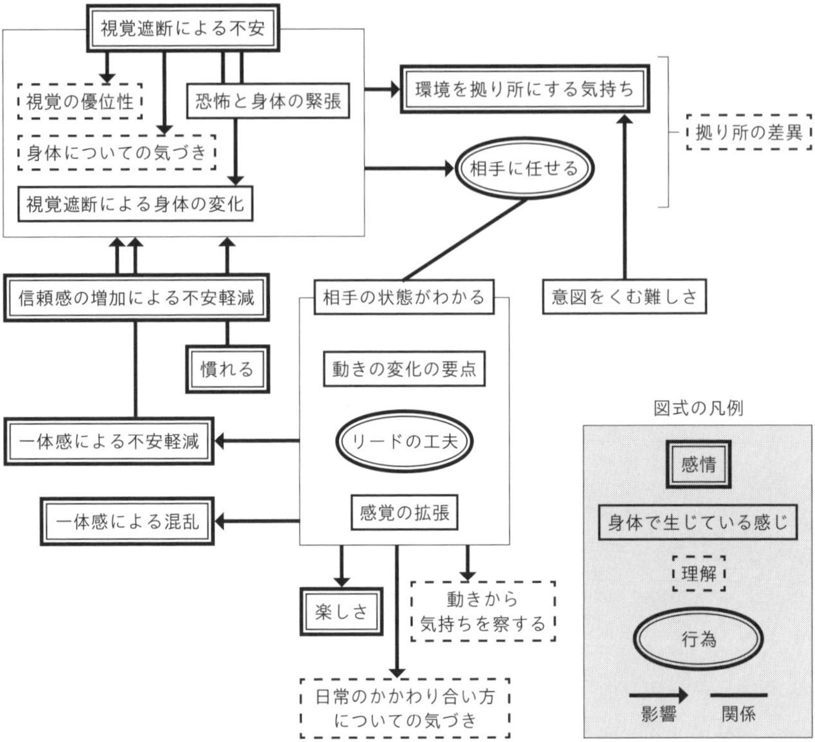

合にこれらの記述があったようです。すでにできあがった関係性に引っ張られる形で役割が固定されていた可能性もありそうです。同時に、お互いが譲り合うような場合にも動きが停滞して上手くいかない感覚を得ていたと言えます。「相手に気を遣う」ということに表れているように、初対面であるかどうかに関わらず、相手とどのように動くのかを考え過ぎる状態も動きの停滞に結びつきそうです。一方で、これらの上手くいかない感じが生じているということは、接触を通じて少なからず相手の状態を受け取れているとも考えられます。ここで問題となるのが「主体感の喪失」ということだと考えます。接触した状態では自身のちょっとした動きが相手を動かすことに直結しているため自他非分離の行為（動き）が生じています。この状態でもそれぞれが自分の意図を発揮し続けようとした場合には「調和のとれた意図の授受」に記

述されているように動きが即興的でありつつ調和するような創造的なかかわり合いができることを示唆します。しかしながら、自他非分離の状態において意図の発揮を放棄した場合やその違和感から拠り所を見失ってしまうと、「単調な動き」として記述されているような意図のない動きに行き着くと考えられます。自他非分離の一体感を受け入れて積極的に味わいながらも相互に主張をし合うことで、より創造的な活動に展開するということが示唆されます。「動き方の工夫」や「主導権の受け渡しのきっかけ」の記述にあるように主張を上手く表現することも試みることができていたようです。「繰り返しによる体得」や「心理的距離が近づき主張できる」の概念カテゴリの記述にあるように慣れや相手との関係性を構築することで徐々に主張ができるように変容できる可能性もあります。上手くいっている状態については、「日常のかかわり合い方についての気づき」のように一般化したり、「相手の動きから学ぶ」のように他者の方略を自分に取り込む思考が促されたりしたようです。その他には「身体についての気づき」や「動く方向による体感の違い」のように身体に関する気づきが得られたり、「相手による違い」のように相手に関する気づきが記述されたりしています。理由がわからず「気持ちが悪い」と感じたケースについては、こういった活動自体に得意不得意がある可能性を示唆します。こちらの活動を通じた理解の深まり方を図式化すると以下の通りにつくることができました（図4-2）。

　体感ログを読み解くことでボディ・ワークの経験において他者と体感を共有することでかかわり合いについて理解が促されていたことがわかりました。しかしながら、必ずしも詳細な記述ができているわけではなく、体感を言語化する力の成長が必須であることもわかります。言語化できていないからと言って体感が無いということではありませんが、言語化することが意識的なコントロールに不可欠であるとも考えられます。体感ログを書くことの趣旨は体感をつぶさに言語化することによって他者とのかかわり合いがどのように上手くいくのかを意識的にとらえて調整できるようになるためです。かかわり合いは自他の対立構図でとらえられることも多いものですが、自他非分離の状態でその場の目的や文脈を共有して共に前進させていくような建設的なあり方ができることを理解することが目指されます。

図4-2：活動を通じた理解の深まり方「手を合わせて動く」

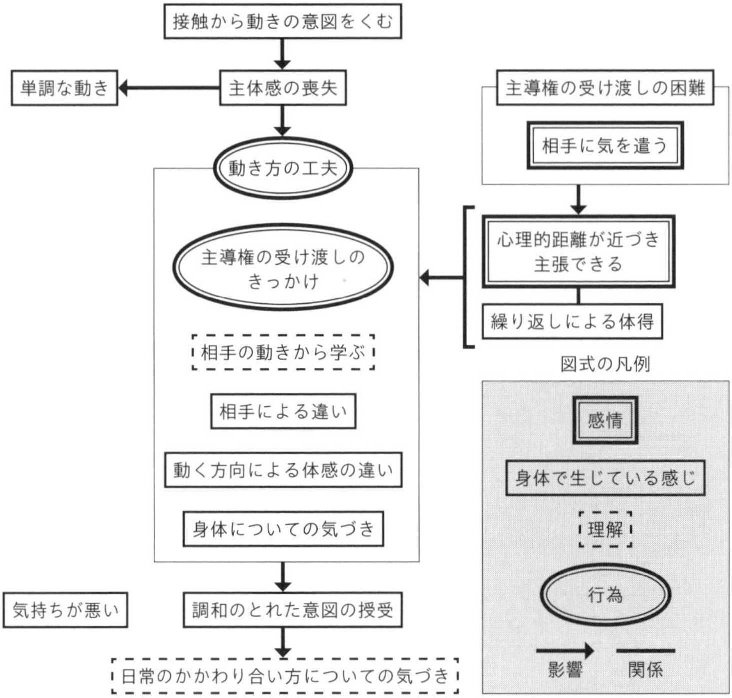

```
          ┌──────────────────────┐
          │ 接触から動きの意図をくむ │
          └──────────────────────┘
                    │
┌──────────┐   ┌──────────┐        ┌────────────────────┐
│ 単調な動き │◄──│ 主体感の喪失 │        │ 主導権の受け渡しの困難 │
└──────────┘   └──────────┘        │  ┌──────────────┐  │
                    │              │  │ 相手に気を遣う  │  │
        ┌───────────────────────┐  │  └──────────────┘  │
        │    ╭──────────╮        │  └────────────────────┘
        │    │ 動き方の工夫 │       │           │
        │    ╰──────────╯        │  ┌────────────────┐
        │  ╭────────────────╮    │  │ 心理的距離が近づき │
        │  │ 主導権の受け渡しの │◄──┼──│   主張できる    │
        │  │    きっかけ      │    │  └────────────────┘
        │  ╰────────────────╯    │  ┌────────────────┐
        │  ┌- - - - - - - - - ┐  │  │ 繰り返しによる体得 │
        │  ┊ 相手の動きから学ぶ ┊  │  └────────────────┘
        │  └- - - - - - - - - ┘  │
        │  ┌──────────────┐     │     図式の凡例
        │  │ 相手による違い  │     │
        │  └──────────────┘     │
        │  ┌─────────────────┐  │
        │  │ 動く方向による体感の違い │ │
        │  └─────────────────┘  │
        │  ┌──────────────┐     │
        │  │ 身体についての気づき │    │
        │  └──────────────┘     │
        └───────────────────────┘
┌──────────┐   ┌────────────────┐
│ 気持ちが悪い │   │ 調和のとれた意図の授受 │
└──────────┘   └────────────────┘
                    │
        ┌- - - - - - - - - - - - - - - - - ┐
        ┊ 日常のかかわり合い方についての気づき ┊
        └- - - - - - - - - - - - - - - - - ┘
```

図式の凡例：
```
┌────────┐
│  感情   │
└────────┘
┌──────────────┐
│ 身体で生じている感じ │
└──────────────┘
┌- - - -┐
┊  理解  ┊
└- - - -┘
╭────────╮
│  行為   │
╰────────╯
──────►        ──────
 影響            関係
```

5 今後の展望と課題

　本章では、ボディ・ワークを通じて得られた体感から他者とのかかわり合いについて考えようとする一連のコミュニケーション教育実践について紹介しました。実践のねらいは、普段はあまり意識されない身体に焦点を当てることで、コミュニケーション力を言語的なやり取りの力という狭いとらえ方ではなく、身体とそれをとりまく環境、文脈や状況、文化や習慣などが不可分な形で影響し合う相互行為であるという広いとらえ方ができることに気づこうとするものでした。言語というメディアでしかできないかかわり合いがあることは当然ですが、一方で、身体というメディアにしかできないかかわり合いがあることも同等に重要なものだと言えます。そして即興的なやりとりを持ち込むと、相手と文脈を共有しようとする意識や自分自身の習慣や文

化の中で醸成されてきた型のようなものに気づく機会が得られます。

　コミュニケーション・メディアの歴史においては、個別に進化した文字、音声、画像、動画、などが統合されてマルチメディアとなり、さらには人工的に現実感を作り出そうとするバーチャル・リアリティ（VR）の表現力も飛躍的に進化しています。VRの技術は実環境を再現しようとする方向よりもむしろ実環境では叶わない環境を、現実感を保って表現しようとすることで進化していると言えます。そのようなメディアの進化の過程において、我々の身体はどこに位置づけられ、どのようにリアリティを感じているのかという点は重要な論点だと考えられます。モーションキャプチャ技術とアバターによる身体の動きの再現、動きに伴って変化する全天球の視野と立体音響、さらには振動デバイスによる触覚の再現など、かなりの没入感を感じ得るところまでVR技術は発展しています。我々には、かかわり合いにおいて身体を無いものとはできない、したくない、という切望感があるのかも知れません。メディアの進化の過程は、意識されておらずともずっとそこにあった身体に気づかされてきた歴史であるとも言えそうです。新しい技術によって拡張される身体を効果的に使いこなすためのリテラシーとして、自分の生身の身体についての知識・理解を促すことに加え、他者とのかかわり合いにおける身体の役割を理解することは、今後のコミュニケーション教育の重要な目標と位置づけることができます。

[参考文献]
- Dewey, J. (1896) "The Reflex Arc Concept in Psychology"（山本尚樹訳〔2018〕「心理学における反射弧の概念」『生態心理学研究』11巻1号）.
- Gibson, J. J. (1966) *The Senses Considered as Perceptual Systems*. Houghton Mifflin Company.（佐々木正人・古山宣洋・三嶋博之訳〔2011〕『生態学的知覚システム —— 感性をとらえなおす』東京大学出版会）.
- 雨宮智浩 (2017)「触覚・身体感覚の錯覚を活用した感覚運動情報の提示技術」『基礎心理学研究』第36巻第1号、135–141.
- 勝部ちこ・鹿島聖子 (2014) 主張と協調—コンタクト・インプロビゼーション的生き方 TEDxKagoshima（https://www.youtube.com/watch?v=KTHDx20SyXs〔閲覧日2022年12月1日〕）.
- 絹川友梨 (2002)『インプロゲーム —— 身体表現の即興ワークショップ』晩成書房.
- 鯨岡峻 (2006)『ひとがひとをわかるということ —— 間主観性と相互主体性』ミネルヴァ

書房.

- 諏訪正樹（2016）『「こつ」と「スランプ」の研究 —— 身体の認知科学』講談社.
- 得丸さと子（2008）『TAE による文章表現ワークブック —— エッセイ、自己PR、小論文、研究レポート……、人に伝わる自分の言葉をつかむ25ステップ』図書文化社.
- 根ヶ山光一（2002）「対人関係の基盤としての身体接触」日本発達心理学会編・根ヶ山光一・仲真紀子編著『発達の基盤 —— 身体、認知、情動』新曜社、119–130.
- 広石英記（2005）「ワークショップの学び論 —— 社会構成主義からみた参加型学習の持つ意識」『教育方法学研究』31巻 1–11.
- 文部科学省（2011）「教育ワーキンググループこれまでの議論の整理　コミュニケーション教育推進会議」（https://www.mext.go.jp/b_menu/shingi/chousa/shotou/075/shiryo/_icsFiles/afieldfile/2012/02/08/1309091_3.pdf〔閲覧日2022年12月1日〕）.
- 山地弘起（2016）「身体体験という土壌：自身とのかかわりから他者とのかかわりへ」山地弘起編著『かかわりを拓くアクティブ・ラーニング』ナカニシヤ出版、78–104.

第5章

「いつでもサッと」効果的で魅力的なオンライン授業ができる英語教員の養成を目指して

1 はじめに

　この章では、自身が英語教員を育成する立場でもあることから、オンライン授業が適切、効果的、柔軟に実施できる英語教員をどのような点に気をつけてオンライン方式の授業において育成することが良いのかという、準備を含めた諸課題について受講学生と一緒に試行しつつ考えます。自身が2007年から実際に教職科目「英語科教育法1、2、3、4」を対面方式の授業で担当して、2020年4月からはオンライン（同時双方向型）方式で担当してきて、再認識したこと、新しくわかりつつあること、今後に向けて提案できそうなこと、今でもよくわからないことなどを教員視点、受講学生視点、受講学生が将来接する生徒の視点、第三者視点から疑問提示回答型で考察します。本科目を受講した学生からの問いもそして解も多く出て、また私自身が疑問に思うことなども多々あり、同僚との話で出てきた疑問や課題などもあるので、1〜5の項目に合わせた問いにして思考、回答する形式で話を進めます。

疑問1

対面式授業かオンライン式授業か、という教授学習システムの比較で何がわかるのでしょうか。

　一般に教員が「生産され採用、育成」されるプロセスは、大きく分けて、1）教員養成課程、2）教員採用過程、3）教員研修過程の3段階になります。この章で主に触れる教員養成課程の科目「英語科教育法」において、オンライン方式での授業に関わりそうな該当箇所を文部科学省HPを参考にしておおまかに紹介すると、以下のところだと思われます。

　教育の方法及び技術（情報機器及び教材の活用を含む）の項では以下のように紹介されています。

全体目標：
　教育の方法及び技術では、これからの社会を担う子どもたちに求められる

資質・能力を育成するために必要な、教育の方法、教育の技術、情報機器及び教材の活用に関する基礎的な知識・技術を身につける。

到達目標：

教育方法の基礎的理論と実践を理解している。

話法・板書など、授業を行う上での基礎的な技術を身につけている。

出典：文部科学省 HP（https://www.mext.go.jp）

　おそらくオンライン方式で英語を教える技術や方法はこの箇所に該当するものではないかと思います。しかしながら、何かについて具体的に書かれているようでもありませんし、示唆されているような発展性のある言葉にはなっていないようです。「話法」「板書」を鍛えるのはいいのですが、では一体何を参考、手本にして身につければいいのでしょうか。私は、「話法」に関して自分の授業で触れることは、漫才よりも落語、講談などのボードビリアン、子供前でストーリィを語る紙芝居や一人語りの舞台芸術などが参考になるよ、ということです。それは時空間の「間」の妙、芸です。紙芝居などは絵などの視覚表現や、駄菓子のような対話の人工物も授業という総合的教育芸術活動には参考になると思います。

　オンライン方式で効果的に英語を教える技術・方法がどのようなものなのか、ということは独自で学ぶか、「英語科教育法」のような科目で教える（受講生からしたら学ぶ）必要があるでしょう。おそらく理想的には、当該科目を担当する大学教員が既にそのようなことについて技術、知識、経験、理論をそれなりに身につけておくことが求められるということでしょう。現実には、そのようなことは私の教員養成課程履修時代の昭和から令和の現在に至るまで、全く系統的に教えられていないと思います。私が当該科目を学生として受講していた1970年代にはOHP用のトランスペアレンシーの作り方、スライドプロジェクター・16ミリ映写機の使い方を学ぶ程度でした。そのような流れゆえ、2020年4月に全国あちこちの学校で戸惑いや混乱が起きたのでしょう。2020年3月までに、ある程度基礎的なオンライン方式での授業とはどのようなものなのかということ（システム、教授法、学習法、教材、環境、そして

何よりも教師の知識、スキル、経験など）についてせめてワークショップなどでも受けていたら事情はまた違っていたかもしれません。2020年当時海外の友人からは、「日本のオンライン教育は混乱しているようだが、あれだけICTや機材、メディアを多く開発している国がなぜ、そんなに混乱しているのか。」と言われ、返事に窮した覚えがあります。教育（工学）研究者の端くれにいる自分のような人間の責任です。研究することが現場で実践することにそれほど効果的につながっていなかった、まだ、つながっていない?、ということになるのかもしれません。もっと自分の授業を曝け出して思考し、試行もし、学習者とも議論すればよかったのかもしれません。指導する立場よりもまず自ら実践する立場であるべきだったのです。中学高校の現場からは、予算執行が行われ、ノートパッドのようなメディアが一人一台配布された時には、すでに涼風、寒風が吹いていたという声を英語教師をしている卒業生たちから聞きました。「即興的」とか、迅速なという言葉のみが教育の理念、号令として飛び回っているようです。子供の学び、成長は1日単位、1週間単位です。大学にしても学期ごとに勝負するところなのです。自身が昔ボーイスカウト活動でよく言われた「そなえよつねに」なんでしょうね。

　では、翻って対面方式の授業のそなえは果たして十分なのでしょうか。ここでは対面方式の授業については多く触れる主旨でもないのですが、オンライン方式での授業をせざるを得なかったことで、対面方式の授業を根本から見直したという先生も多くいると思います。二者択一という発想ではない、関連して異なる良い面があるというような有機的なつながりとして学びという視点で捉えたいと思います。

疑問2

オンライン方式の授業において何が起きていて、また効果的な教え方とはどのようなものでしょうか。

　この質問は多くの先生や現在までの受講学生から出たものです。この章での本質的な私発信の問いでもあるので次項につながるように丁寧に考えてみます。

まず、大前提として対面方式の授業の経験知は既に多くの先生に蓄積されていると思います。2020年の春に起きた問題は、対面方式の授業で「普通に」やっていたこと、やれていたことをリアルタイムのオンライン方式の授業でやろうとすると、できない、うまくできない、授業として成立しない、学習者に届いていない、畢竟、やり方がわからないというようなことでした。授業を事前録画して配信するというオンデマンド方式の方法にも慣れていませんでした。教材も使いにくい、そして重要な教育コミュニケーションシステムである学習環境、LMS (Learning Management System) のようなシステムも学校や地区にはなく、民間で使用できる学習管理システムを急遽使用したりと、万事が手探り状態でした。このことは、目の前にいる30名、40名の学習者の前に先生が立って言葉で伝えるという基本的な構図での先生の言葉、児童生徒の反応、動き、疑問などが「摑めていた」と思い込んでいたことへの戸惑いなのかもしれません。テンポの良い授業をやる先生ほど、オンライン方式の授業で生じるわずかな時間差は予想以上に授業に影響を与えていることに気づいたと思います。同時に、Zoomのようなシステムで画面に30人の顔が出ることで全体を把握していると勘違いしたこともあるかもしれません。画面上に学び手が平板に広がっていることと、教室でなら当たり前にあった奥行き（生徒との距離感で生じる間）がないというやりにくさ（＝便利さ）に気づきます。また、教室なら普通に各児童生徒は先生のみを見ているのですが、画面上では視線の先のスクリーン上にクラスメートが同時に全員登場していて気になってしまいます。そして根本的に異なるのは自分の表情を常に自分自身で見ながら授業を受けているという摩訶不思議な状況です。これは先生も同様に感じることです。学び手は自分で自分の言動、身体の動きをモニターしながら、他の全員の言動を同等の音量や画角でモニターしつつ、学びを進めるという、スマホのビデオ通話とはまた異なった通信環境に一定の時間いなくてはなりません。そのようなことに慣れていない児童生徒、学生も、疲労感が溜まり、集中が続かなかったりします。それは教える側も同様です。

　加えて、学習者が制御できる面がいくつかあります。今でもリアルタイムのオンライン授業で言われる、video on/offという機能です。初等教育ではvideo off（顔出しせず）で授業を受けるということは意図しない限り、あまりな

いとは思いますが、大学生になると結構な数あります。私自身はさほど気にもしない立場なのですが、必要に応じて授業内活動を通じて顔出ししないとうまくいかない状況を作り出すようにしています。Breakout room 利用のグループディスカッションの後の代表プレゼンなどでは、何も言わなくてもvideo on でやるようになります。教える内容や目的によっては顔出しが重要になります。先生側も学習者の顔が見えずに授業を進めるということに全く慣れていません。対面方式の授業では、顔を出さないということは先生の方を見ていない＝聞いていない＝授業に参加していないという理屈で捉えるからでしょう。

　実際には他にも注意する点、適応する点、自分の授業を見直す点などいくつもあるのですが、それらは、次の項でまた具体的に考えてみましょう。

2 教育実践の紹介

┌─ 疑問3 ─────────────────────────
│ ここで紹介される「英語科教育法4」の授業とはどのようなものですか。
└─────────────────────────────

　元々この科目は、英語教員養成課程の科目で、教育実習に行く前に一通りの授業ができる様になるための科目です。英語科教育法4では、従来の英語科教育法1、2、3で培ったものをさらに実践的に応用できる様になるということが強調されています。

　本授業は、15週（セメスター科目、2単位、秋学期開講）で構成されています。最初の半分7週間ほどは実践的な英語教授法などに関する知識などを学びます。具体的には、1冊の輪読用のテキストを読み進めます。同時に、毎週授業冒頭で、「Street English」という課題を毎週3、4人の学生がプレゼンします。世の中に溢れているちょっとおかしな、不思議な（カタカナ）英語を拾って、調べて真偽を確かめる内容です。世間には英語学習者を惑わすような不適切、間違った英語擬きの言葉が横行しています（例：フラットな気持ち、リーゾナブルな価格などなど）。学生は5分以内で発表します。私も参加してちょくちょくプレゼンをします。また授業では、しばしばTED Talks も視聴します。原則的

に英語字幕で視聴しますが、家庭学習もできるようにZoomのchat機能など
で、サイトのURL情報は流します。

　授業後半8週間で行うミニ模擬授業（10～15分／1人）などを通して授業指導
案の書き方も習得します。この章で紹介し、問題提起をするのは、オンライ
ン方式で実施する「英語科教育法4」の授業での、オンラインミニ模擬授業
についてです。実施後の合評で意見交換やディスカッションをしてさらに授
業の向上を目指します。指導教員である私も一参加者ですから、適宜意見を
述べたり、ツッコミやチャチも入れつつ、もっと面白く、効果的、魅力的に
授業ができる様に毎回切磋琢磨しつつ取り組んでいます。それゆえクラス全
員で発見することは数々あります。

疑問4

**オンライン方式の授業実践を「英語科教育法」で適切、効果的に教えられ
る教員は足りているのでしょうか。**

　圧倒的に不足していると思われます。ここでは対面方式で「英語科教育法」
を教えた経験のある先生は多くいるという前提で話します。私自身20歳代の
頃の高校英語教員時代は対面授業全般にダメダメ教師だったという反省が強
くあります。それに耐えられなくなって学位留学ということに踏み出したと
いうか逃げ出したようなところがあるので、何も偉そうなことは言えない反
面、それゆえに留学以降のメディア教育に関する学問には多少どころか参考
になるところがあるかもしれないという気持ちを持っています。

　私が担当してきている「英語科教育法」とはどのような科目なのかという
のはご存知の読者も多いでしょうし、文科省のサイトを見ればわかることも
多々あるので省略します。ここで触れるのは、学生がミニ模擬授業で主体的
にデザインし、実際にやったこと、やっていること、やれそうなこと、やっ
てみたいことなどについてです。まず、主に2つのことについて触れます。

　一つは、英語科教育法の授業でも触れていることですが、教える大学教員、
初等中等教育の教員が英語科教育法だけでなく、同様にメディア教育を受け
る必要があるということです。メディアに詳しくなるということです。なか

なか片手間でメディアについて学ぶことは難しいと思います。関連する分野はメディアコミュニケーション、メディアリテラシーのような学問です。一つの改善方法としては、教職課程という立場から私も関わっている情報科の教員免許取得にある科目を履修することがいいのではないかと思います。私が受けてきたメディア教育は、留学時には、視聴覚教育（audiovisual education）と言われていました。その上位に位置する学問分野だと教育工学（Educational Technology, Instructional Technology）となります。現代ではすでに英語でのEdu. Tech.という言い方はやや古い響きがあります。1980年代に私が学んでいた頃からすでに色々と細分化もされ、授業設計とか授業デザイン、メディア教育という表現も使用されていました。ここでお話しするのは、その授業デザイン、あるいは「英語科教育法」という授業のlesson studyということになると思います。

　メディアを知るというのは、メディア属性を知りつつ、メディアを暴走させずに、制御しつつより適切、効果的、そして合法的に使用するということです。道具としてのメディアについて我々は日常当たり前の如く多く使用していてあまり疑問も感じないと思いますが、メディアを学ぶ、考えるという教育はほとんど受けてきていません。それゆえ違法な使用や問題がありそうな応用が増えて、学習者はさらにそれを踏み越えていくということになると思います。例えば、Creative Commons（https://creativecommons.jp）のような組織と現状などについて知るだけでも、インターネットにあるイラストや音声などの著作権などについて映像制作、イラスト制作と使用上の注意などのことが学べます。このことは私が別に担当するメディア教育の授業でも触れていますが、あれこれが簡単にコピペできる時代ですから、多少しつこく思われても著作権法なども教員養成課程で触れておくといいでしょう。できることの全てがやって良いことではないという原則です。

　もう一つは、これは少々傍系からの発想ですが、自分の経験知としては色濃く残っているので勧めます。英語教員免許取得を目指し、実際に英語教員になる人は、海外で日本語教育を実践する機会を持つといいでしょう。率直に言って役に立ちます。このことは私も発音、音声指導、英語作文のところで、必ず触れていることなのですが、咄嗟に何かのメッセージを言語変換す

るときに、日本語教育での音声指導や、英語教育での音声指導についてある
程度両方の教育実践経験を持っていると便利です。授業などでその場で音声
を修正するときに、日本人の苦手な音、英語を話す人の間違いやすい点や文
法のつまづきなどはすぐ説得力を持って説明、指導ができます。理想を言え
ば、英語教員になる前に1、2年海外で日本語を教える経験をするか、英語教
員になってから制度を利用するなどして1年だけでも海外で日本語を教えて
みると実に様々なことがわかると思います。但し、日本国内で日本語を教え
るのと国外で日本語を教えるのとはかなり異なりますから、できるだけ国外
がいいでしょうね。

疑問5

実際に教える方法には具体的にどのようなものがあるのでしょうか。

　コミュニケーションは突然です。最終的には、咄嗟に対応できるというこ
とが重要です。そのためには普段の授業でも多くのわかりやすい「咄嗟」「突
然」を組み入れておくといいと思います。生徒の授業中のインターネットな
どのメディア利用の自由度にはそれなりの配慮や制限が必要であることも考
慮しなくてはなりませんが、元々インターネットというシステムは国境もな
く、アクセスもかなり自由な通信システムですからその利点を消してしまう
のは勿体無いという気はします。それを踏まえて、以下のアイデアは全て対
面方式での授業が一通りできることが大前提となっています。それがなくて
はオンライン方式の授業は効果が出にくいとも思います。

　例えば、リアルタイムのオンラインで授業を始めると授業開始時に学生同
士の雑談ができません。教室で授業をやれば、登校してきてクラスに入り、授
業前、座席に座り、なんとなく行動を観察したり、一言二言隣の学生と会話
をすることは珍しくありません。ところがZoomのような通信システムで授
業開始となると、いきなり先生からの指示、講義から始まることも多くあり
ます。勿論私のように授業に関連するような、しないような雑談、世間話、時
事ネタなどを授業開始前からやるような教員もいるとは思いますが。私は対
面時の授業でも朝1限、昼食後の授業などは、10分から30分早く教室に行っ

て授業の準備をしつつ、学生と雑談をするのが常です。また大学の授業では出席票なるものあり、私も使用しています。が、私はその裏にこの今朝やこの1週間で起きたことや誰に言いたいのか、伝えたいことや言いたいことなどを日英語どちらかで1、2行ほど書いてもらいます。集めて一つ二つ、名前を秘して全体トピックにします。2、3分程度の授業の「足場がけ」のような活動です。オンラインでも（対面でも）集まった学生の顔を見て何となく授業モードに入ってないような学生が多いようなら、雑談、その場の判断で、最初の3、4分程度はbreakout roomで3人程度のグループをいくつかサッと作って「はい、世間話!」で始めることもしばしばです。一方で学生の発表からすぐ始めたり、課題の発表、プレゼンテーションなど授業開始と共に、授業活動に入ることもしばしばあります。こういうことは対面方式だと場を温めるようなことも必要なので、タイミングよく始めにくいことかもしれません。「はい、発表!」と言っても対面方式の授業開始からでは何となくダラダラと始まることが多くあります。ましてグループで発表となると準備に1、2分充てても、切り替えの素早さはオンラインには敵いません。クラス全体に教員が講義をするということは当然ありますが、それが中心だと「英語科教育法」のような実践的な英語指導法ということを授業で教えるような科目では、テンポよく適宜切り替えて行うこと自体が授業のコンテンツとなります。このbreakout roomを使った指導法では、以下のように教育現場で応用できそうな活動のプロトタイプとして、受講学生たちのアイデアによる実践例が現在までいくつも出てきています。

① Shadowingを行うときにbreakout roomにペアで入れ込めば、自分の音声が相手一人にしか聞こえずに抵抗感が減ずることになりやりやすくなります。また、クラス全体であってもmute機能を使用すれば自分の声を他の人に聞かれることもありません。ただ、教員がモニターをすることも重要ですから、全く誰にも聞こえないという状態では、果たして口パクなのか、実際にどのような音を出しているのかということは最低限チェックしておく必要があるでしょう。Repeatingとshadowingでやり方を工夫してみるのも変化になりそうです。

② 「黙学」ができるような学習内容（Writing, Listeningの授業）は、やり方によっ

ては、オンライン方式の方が無駄なく、効果的に進められそうです。何か問題文を提示して、「(英訳でなく) 英語で表現してみてください。」と提示し何分か待ち、一斉にchatにその文章をアップロードしてください、とか、一人一人が解答を持ち、そのまま breakout room で意見交換をしてください。最後に代表 (spokesperson) が発表してください、という風に一連の流れを個人作業からペア (グループ) 作業にして、個人からクラス全体へと繋げれば結構効率良く、習熟度が異なっていても効果的に進められます。全体→個人→全体という一連の流れに適宜ペア、グループでの協働作業を入れるといいのではないでしょうか。クラシェンのインプット仮説でのi＋1のような考え方や、ちょっと先を行く学習者から学ぶことなども自然に生じさせることはオンラインの方がやりやすいでしょう。これは「移動」「グループ活動」という概念が対面とオンラインではその様相や取り組み方がかなり異なるというそれぞれの属性の違いから生じていると考えられます。

③音読練習をしたものを録音して先生に直接、個別に送るというような課題も試みた学生がいました。スマホを持っている世代ですし、PC、タブレット端末などに付属している録音機能を使用すれば、さほど難しい活動にはならないようです。

このやり方の利点は、授業時間内外で宿題としてその場で提出してもらうということが可能になることです。同様のことは、breakout room に教員が突然訪問するということでモニターは可能ですが、人数が多いと行けるグループも限られるという問題は残りそうです。訪問するよと言って緊張感を持たせるだけでも集中してやる可能性は高まることはあります。

④これも Zoom 使用時のことですが、画面共有機能のホワイトボードを利用して学習者個々に書き入れてもらうということも素早くできます。その際、書き入れた人の名前が出ないようにすることも簡単にできます。先生 (＝Zoomのホスト) には見えているようですが。グループ、あるいはクラスで一つの文章を書くとか、書き足して完成させるような活動では無駄なく使用できるでしょう。この活動はある程度クラス人数が多くても、グループごとに別々に、且つ、同時にぶつからずにできるので、教室で黒板、ホワイトボードの前まで行って書き込む、一人一台持っているタブレット端末に

ペンで書き入れるという作業よりも全体を同時に、という点では勝るように思います。スクリーンの大きさ、文字の大きさをうまくコントロールすれば、それなりに1つの画面で互いに協力、協働してできそうです。同時にその前段階の作業を breakout room で練っておくことも組み合わせられそうです。間違いなくグループ作業は今までとは違った形式、課題でやれそうなのがオンライン方式ではないでしょうか。

⑤ Chat機能は、個別の質問で使用できますが、速さを競うようなゲーム形式の作業では速い順に提示されますし、前の書き込みを参考にして学びを積み重ねられるという利点があります。教員サイドからは、個別に問えますし、コメントを送ったり、質問に答えたり、一人のコミュニケーションを瞬時にクラス全体に広げたり、その反対のことも簡単にできるという利点があります。教室で挙手をして質問がしにくい、個別指導がしにくい、というような問題はZoomのメディア属性の個別対応の使い方によっては効果的に行えるのではないでしょうか。授業中にインターネットのこのサイトをすぐ視聴しましょうとか、このことをすぐ調べて教えてください、というような時にもこのchatは伝達手段としては効果的に使用できるでしょう。一方、学習者側のメディア使用の自由度を上げ過ぎてしまうと、授業が授業でなくなってしまうこともあり得るので、適当な制御、指示、指導は時に間髪を容れずに行うことも必要だとは思います。

⑥ オンライン方式の授業では常にインターネットは身近にあることが大前提ですから、授業は、聞く時間、調べる時間、話し合う時間、黙って読む時間、声に出して読む時間、発表する時間など適宜組み合わせて学びを制御しているという感覚を持ち、楽しんで学ぶということができれば理想だと思います。私もしばしば授業で視聴する TED Talks などは日本語字幕も出るので中学生でも興味を持って視聴できそうですし、5分以内の短い映像などが実に多くの分野で随時アップデートされているので持続する好奇心を育成するということでも有効だと思います。また、そのURLを chat にアップすれば授業後に視聴もできるというメリットがあります。Podcast にも多くの音声教材になりそうなものがアップロードされているので授業中でなくても授業外で聴取を促すこともできます。そういう素材を教材にす

るというメリハリの付け方は、教室よりもオンライン方式の授業の方が遥かに優れているのではないでしょうか。こういうこともメディア教育などで学ぶ「メディア属性」に関わることになると思います。

⑦これも授業中の学生のshort lessonを行う練習から出てきたことなのですが、chorus readingのやり方の工夫です。実は、この全体音読という日常的な指導方法は、日本の英語教育ではほぼ全授業で実施されているのですが、先進他国のL2学習クラスではあまり行われていません。理由は簡単です。発話という活動は一人一人異なるからです。全体音読 (chorus/choral reading) こそ、日本人の通じない音声英語習得の原因だとも指摘されます。ただ、生徒は喋れる様になるという期待を持ち、教員は効果検証が不十分なまま、英語音読の練習を行い、互いに目的が異なりつつも「やってる感」が出るためか、納得して継続してしまいます (関根、2019)。全体で発音すると英語のrhythm、speed、intonation、accentが壊れて単調になります。L1からの干渉という現象が起きます。日本語の発音は拍がベースであり、「あ」の音はどの単語においても「あ」と発音するからです。英語では「a」は単語によって異なった発音をします。それゆえ、フォニックスのようなスペリングと発音のような教材が生まれる訳です。改善の方向では、オンラインでは、全体音読の時には、受講生はmuteで行い、breakout roomなどでのペアワークで互いの音読を聞く、そこに教員が訪問して発音を個別指導するなどしてチェックするというような流れで実施することができそうです。この受講生による授業中何回かのmute on/offは授業に参加しているという意識も高めるようです。

⑧学生とオンライン授業の発展を実際に模擬授業をしてもらいながら模索していると面白いことに気づきます。それは教える人たちの年齢（20代〜30代）はすでにデジタルネイティブ世代であり、あれこれネットワークシステムの使い手であることです。新しいオンラインアプリを探してきます。著作権、プライバシー権、刑法、民法などに抵触しない範囲でという条件を加味しても、結構な有料、無料のアプリが中学校の英語の授業、高校の英語コミュニケーションの授業などで使用できます。それは市町村単位で導入しなくとも、先生個人の裁量で使用できるものもあるかもしれません。

例えば、Googleのメンバーならいくつか英語教育で使用できそうなものもありそうです。ある程度慎重であるべきですが、デジタルオンライン教材というものはすでに英語教育分野では市民権を得ていますから、生徒が興味を持つようなやり方で試用する、使用するということは常に考えてもいいかもしれません。(cf. Google document利用のdictation活動)

⑨これもリアルタイムのZoom利用のオンライン授業を実施時、学生がbreakout roomを使用した模擬授業をしていたときに、ふと気づいて実践してみてやれる部分があるなと気づいたことです。生徒がグループ作業をしてこれから先生が訪問しようとするときに、指導教員である私が授業担当の学生先生に、ちょっとアドバイスや注意点などをごく短い時間で伝えること、話し合うことができる、ということです。対面方式の模擬授業では私もよく活用する、録画再生観察法のような過去の授業について合評するということしかできませんが、上記のシステムでなら、授業の流れを壊さないということは十分考慮する必要がありますが、咄嗟のアドバイス、合評も可能になるということです。学習者から感じる授業の流れに良い影響を与えるだろうという範囲での実施可能性であり、また授業実施者の能力、適性、メディア利用知識などにもよるとは思いますが、reflection-in-actionやadvice-in-actionもやり方によっては授業進行中に可能なのかもしれないということです。

⑩十分注意し、配慮することですが、オンライン方式の授業ではそのメディア属性上、学習者のメディア使用の自由度が高まります。対面でも授業中にスマホをいじっている生徒や学生はいるのですが、限定的にすることは可能です。然るに、学習者の手元が見えない、顔の周りのみしか確認できないようなオンライン方式の授業ではほぼコントロールができません。つまり、できないことを前提に授業案を作成する必要があるということです。検索などを随時入れてその状況を逆手に取れる様なクラス、学習者集団であるならば、十分効果的な授業をやれると思います。それは、ある行動を禁止する方向ではなく、うまく導く、提案を要求する、制限する、禁止するという様々なアプローチが考えられます。同時に対面方式の授業でのacademic timeになっていない時間がそれなりにあるという実態を踏まえて、

脱線する時間、ちょっと遊ぶ時間を意図して入れてもいいでしょうし、様々な素材と教材に変換させるということも慣れてくればできるようにしておくといいと思います。（cf. 英語の歌を利用した指導では結構役に立つ現ネット環境です。）

疑問6

十分なオンライン英語科教育法を学ばずに現場で働く教員をどのようにサポートすればいいのでしょうか。

この疑問はまず授業を受ける児童、生徒の立場に視点を移動させて考えると、「この先生に教えてもらって本当に現代に通用する英語が身に付くのかなあ。」という素朴な疑問になりそうです。また、保護者、親の立場から考えると、「この先生、大丈夫かな。」ということになりかねませんし、教育の質保証という観点からも教員には給料が出ている訳ですし、国公立校なら税金、私立でも税金＋学費というものが絡んできていますから、問題、課題は含んでいそうです。

例えば、20年後に別の事態が生じてオンライン方式の授業に切り替えるという時が来るかもしれないから今から準備しておこう、「そなえよつねに」の精神があるのなら、日常それなりに準備をしておく必要があるでしょう。というよりも授業方法、学習方法の選択肢としてのオンライン方式の授業という捉え方が自然かもしれません。然し乍らそこで全教員がそうなるべきだという方針はあまり現実的ではなさそうです。そこで、学校に一人か二人のMedia Specialist（以後MS）の資格（米国では、教育系の大学院課程でメディアのことを系統的に学んだ人に与えられる資格）を持った教員を配置するというやり方を米国などの学校では採用しています。この考え方は、だいぶ以前に米国などで提示されていたリカレント教育にも似ていると思いますが、我が国ではリカレント教育はあまり根付きませんでした。技術や知識のみを新しくするという考え方だけではなく、職業とは直接関わらないような様々な分野で学び直したり、新しく学んだりという生涯教育という考え方と連動もしませんでした。倫理や哲学、歴史、環境問題などを学び直したりという発想は今もまだ

根付いていないでしょう。現代で捉えると英語教員がスキルアップを目指すということよりも、リスキリングのような発想で、スキルだけでなく様々な分野で自分の学びに取り組むことが必要である様な気がします。新しい分野のスキルや知識、教養も現職を続けながらどのように進めるのかというのは喫緊の教育分野の課題でしょう。メディア使用方法や教え方、カリキュラム、教材の専門家という先生がMSです。実はMSは私も持っている資格です。教科の先生がMSを兼ねることもある様ですが、学校全部の授業を補佐するという立場で担任は持たずにやや大きめの準備室のような部屋に常駐し、教員がそこに行けばメディアが借りられる、使い方を教えてもらえる、教材を借りられる、推薦してくれる、授業の相談に乗ってくれるというような機能で運営されています。こういう人材配置も現在のような状況では近未来に向けてさらに有効な制度となりそうです。

3 理論的な背景

この項では、主にオンライン教育・学習と授業の研究という2つのアプローチでまず別々に考えてから繋げてみます。

疑問7

オンライン方式の授業の実践や研究はどのような歴史を持って発展してきているのでしょうか。

私がオンライン式授業に、人生において最初に接したのは、多少関わっていたことのある、日本の「放送大学」よりだいぶ前に、「遠隔授業」(当時は distance education という言い方をしていました) の体験をしたことに端を発します。それは、米国オハイオ州立大学 (通称 Ohio State) に留学していた時でした。多分1981年ごろだったと思います。ある授業で「南部の (確かアラバマ大学だったような記憶がありますが) 大学と試験的に通信衛星を利用してつないでコミュニケーションを行うので興味がある人はその設備のある XX 教室に集合してください。」というアナウンスがされたと思います。かなり大きな教室というよ

りも、階段状の大きな教室に100人以上が集まったと記憶しています。当時、建物の外には大きなパラボラアンテナがありました。残念ながら授業?会議?の内容は全く覚えていませんが。J. F. Kennedy暗殺中継 (1963)、Beatles の All You need Is Love の全世界同時レコーディング中継 (1967)、アポロ12号の人類初の月面着陸中継 (1969) を経て、1981年当時は、いよいよこういう時代が来たんだ、という驚きと期待、それから教育への大きな可能性と課題などについて多少の興奮を覚えながらなんとなく考えていました。でもその後現実に日本でその様なことが起きるとはほとんど考えてはいませんでした。授業は目の前の学習者にやるものという考えが中心でした。それまでは遠隔教育と言えば、電話を利用した言語教育として Ohio State で1970年代初頭に行われていた教育学習システムや、それ以前に豪州でのラジオ聴取を用いた遠隔地生徒への教育というものでした。その後は PC がネットワークにつながる時代、LAN (Local Area Network)、WAN (Wide Area Network) 時代が1990年前後には発達し、振り返れば、衛星通信授業から40年あまりが経過し、教育メディアやシステムは格段に進化してきています。インターネットが広く使用可能になり、多くのメディア、インターフェイス、インフラが発展し、教育にも入ってきています。同時に、システムをネットワークで繋ぐというインフラも個人ベースの SNS のように随分と進んできました。

このことの背景には、McLuhan (1964) の Understanding Media、メディア論のようなメディアそのものを社会機能の中、個人の認知活動と併せて考える必要があるという警告の提案もあり、さらにその後、そのメディアを教育で活用するために重要な提案をした Masterman (1985) がいます。この時代から現在へのつながりはさらに大きく変化を遂げています。それは、上記の様な提案がなされた時代のメディアというのは、マスメディアだったことです。つまり、新聞、ラジオ、テレビ、電話、映画というようなものが主要なメディアでした。然し、現代のメディアは、インターネットの普及と発展により、パーソナルメディアとしての地位を広く得ています。学校教育で扱うメディアリテラシー教育でも、マスメディアを読み解くときに気をつけることを提示していればそれでよかったのです (カナダ・オンタリオ州教育省、1992：Potter, 2004) が、今は小中高校という学齢に応じた教育をするのみなら、教科に分散、

横断されるようなメディア・リテラシー教育が提案されています (中橋、2021)。さらに、メディア機器を教えるときに、メディア属性という考え方に加えて、メディア表象 (representation)、記号論 (semiotics) からのアプローチがなされており (Semali, 2002)、メディアメッセージの構造を考える様になってきて、それらが教えられています。

他方、メディアをハードウエアやシステムとして捉えるのみでなく、人と人、個人対社会間で大きな影響を与えるヒューマンコミュニケーションの媒体として研究する重要性も指摘されています (Jensen, 2021)。そこにメディアコミュニケーションに関わる個人の倫理や道徳、規則や法律という概念、国家帰属という意識、かつてMcLuhanも指摘していた様な、個人が政治や経済からのメッセージに対して適切に解釈することの重要性を遥かに超えて、今や個人が国や政治に影響を与え得る現実として扱われるという自覚を学校教育でも取り上げられるようになってきています。

単なる道具としてのメディアから、人の活動、果ては認知までも影響を与えるようなメディアの存在が教育学習場面にも進入してきています。その様な状況でオンライン方式の教育活動をしているという自覚を強く持たないとメディアの商業性に振り回される危険性は日常あちこちに溢れているでしょう。

疑問8

現代のオンライン授業につながるような授業研究はどのような歴史を経てきているのですか。

授業はスキル、メディアは道具 (=教具) であるという捉え方は長年説得力がありました。そのような中、1970年ごろに、Flanders (1970) や Hough (1980) らが、授業における先生と生徒のやりとり (=class interaction) をきちんと捉えるために、授業を丁寧に、且つsystematicに記述するという手法やシステムを開発しました。これは当時としては画期的な試みでした。私も留学中に、OSIA (Observational System for Instructional Analysis) の開発者の Hough教授から1年間授業記述のシステムのトレーニングをみっちりと受けました。授業記述システムに共通する点は、授業中のある発言が誰から誰に向かって、どの様な

内容で、どれくらいの長さ（分析の最小単位は、授業という活動の特性、サンプリングの適切性から5秒単位での分析とされていた）で行われていたのかということを時系列で正確に記述する、表としてプロットするという分析でした。その発言の種類も段階別、目的別に細かく分類されていてどれに当てはまるのかということも記述するというシステムでした。実際に授業を記述してみると録音機器のなかった時代は授業観察をしながら、記述するというかなり難しい作業でした。録音機器の助けを借りて行うと格段に作業が捗ったという記憶があります。野嶋（2002）らの教育実践では、教師が授業中にアクトメーターと呼ばれる装置を付け、授業中の教師の動きを記録、計測したり、授業を録画、録音して教えることを学べるように構造化させるという試みも、それまで授業というものが職人芸のように思われていたことから誰にでも教え方を教えられる様にしたという価値があるでしょう。授業を可視化させるという大きな目的は他のシステムにも共通するものです。

　授業の記述と同様に、授業時間内での教員の活動を細かく分類して一つ一つを練習、研修で向上させるという動きも起きました。授業の入り方、板書の仕方、質問の仕方などといった授業スキルの様なものを実際に5分、10分の模擬授業を行い、事後合評会を開き議論し向上させるという流れです。元々はスタンフォード大学を中心に研究、開発されたmicro-teachingというものでした。当時開発に関わった教授がOhio Stateに70年代後半に移ってきて私も大学院の授業でトレーニングを直接受けました。教えるという活動は、誤謬（教職は天性のものであり、トレーニングされて育成されるものではないというような）が多くある活動であり、craftであり、artであるという考えがもとになっています（Eble, 1981）。これは、今でもあちこちの教員養成課程で用いられていると思いますし、私も「英語科教育法」の授業では紹介し、利用しています。

　教員という教育専門家育成の視点からは、教授スキルの習得と呼ばれる上記の様なトレーニングシステムの様なものの重要性は説得力を持っています。同時に、教育分野においても合理性を持ったスキルの錬成だけでは不足しているでしょう。芸事などにおいての師匠の形を繰り返しの稽古でただひたすら真似て修得し、それが目標とする型になっていくという考え方があります

（生田、1987）。似たような考えでは、専門職での学びを分析した研究として、伝統的な徒弟制で起きていることに着目し、親方と徒弟の間の、技術や精神の修得を社会参加と捉え、徒弟が親方を考える「ああいう人になりたい」という原点の考えをベースにして、徒弟自身の認知の変化とともに分析した例もあります（Lave & Wenger, 1991）。教員養成課程における教師の卵の育成では、伝統的な教える人、学ぶ人という垣根を超えて、文字通り互いに学ぶ人であることが重要なのではないでしょうか。その過程で、共に積み重ねた経験知を適宜開示しつつやり取りし（transaction）、蓄積することがこのオンライン方式の効果的な授業ができる教員育成では注目すべき面ではないかと思います。

世の中の教育界はCOVID-19による世界的なパンデミックにより、2020年初頭を境に一変したように見えました。大学の授業もその渦中にありました。ただ、システムの問題として、高等教育機関が、初等中等教育機関と異なったのは、ある程度各大学が独自、あるいは共通仕様でのLMS（Learning Management System）をコロナ以前から所有、使用してきていたことです。このことに関しては、そのシステムがあるかないかで大きく対応を分けたと思います。大学で多く使用されているリアルタイム送受信ができるZoomが使用できることで教育界のパンデミックはかなり軽減されたと思われますが、一番必要であった2020年春から秋にかけての時にはそこまで普及していなかったことも事実です。この取り組みの基盤となる学校教育へのインフラの現実的な理解不足、遅れは大きな問題です。問題が起きてからでは遅いのです。平常時からあれこれ準備をするという重要性は、避難訓練ばかりでなく、教育避難訓練として定期的にインフラをチェックしたり、備蓄を確かめたりアップデートしたりということが肝心です。問題が起きて、深刻な状態になってからでは遅いですし、対応にも限界があります。このことはリモートワーク、働き方（教え方／学び方）改革としてすぐにでも計画案を作成して実施することが重要でしょう。四半世紀ほど前にあちこちの教育機関で起きた、しばし使用して、その後コンピュータは埃をかぶって故障中、という現象が起きないように、です。大丈夫でしょうか。その頃生まれた子がすでに学校教員になっています。なんでも行き詰まると「次世代の若者に託します。」という半ば無

責任にしか取れなく、若者からは反発と反感を買うような発言や態度は上の世代は慎むべきでしょう。

　だいぶ以前から米国からスタートして広がりを見せているMOOC（Massive Open Online Courses：米国で2008年ごろに始まった学びのシステム。オンラインを用いて遠方の教育機関が提供する講座を受講できて卒業単位にもつながる仕組み）のようなものを利用していると2020年以降も大きなトラブルはなく、鳥居（2021）の調査によれば、むしろMOOCの利用は現在も継続して増加している様です。それは、LCMC（Lower Cost Models for Independent Colleges Consortium）への加入大学が増加しているということと相俟ってコロナ禍での柔軟な取り組みでしょう。それはコロナ禍のパンデミックとは関係なく10年以上も実施されている別のルートの取り組みです。2010年ごろにある機会を得て、私もそのMOOC利用の教育システムの稼働を米国大学において見てきた記憶があります。その時に今後大学という高等教育機関のアイデンティティはどうなるのかな、という素朴な疑問を持ちました。当時すでに地方州立大学はどんどんMOOCでの学びから取得単位を認定する流れにありました。教育がネットワーク化するということはそういうビジネスとしての存続も関わっていると強く感じたことを覚えています。このような現状と将来を踏まえて、では初等中等教育での教員を養成する立場としてどのようなことができるのかということについて、これからもずっとon-goingの実践として考えてみます。

4　今後の展望と課題

疑問9
これからの<u>教育の方法と技術</u>はこれからどの様に発達、変化していくのでしょうか。

　このパンデミック下において米国の日本語補修校での調査では、コロナ禍で起きている問題として「日本からの派遣教員が来られない」「児童生徒数が減少した」というようなことを挙げていつつ、受け身になりがちなオンライン授業でも体験的な活動やグループ活動を取り入れ、平均という抽象的概念

を取り払って捉え直す工夫の重要性について指摘しています（岡村ほか、2022）。そして、同時にコロナ禍以前よりICTの導入や準備が進んでいたと思われる補修校関係者で回答者の10%は特に問題があったとは思えないという回答も寄せていることは参考になると思われます。

　もし、メタバースの様な技術が教育で利用されていく様なら、授業そのもののあり方や対話、コミュニケーションが人を離れていく様な可能性もあり、教師の在り様というものが変わってくる可能性もあると思います。同時に、師匠、先生のような人になりたい、というrole modelという面を考えるような教育もあっていいのかもしれません。現状のクラス制度の縛りの強さ、学校行事の強制　図書館登校　保健室登校の何が悪いのかということも考えるオンライン方式の授業の普及と工夫という点から廃止、削減、拡張するといったことで再認識、再評価する必要がありそうです。「学校は一大遊び場であり、学び場である」ということの実践かもしれません。学校という時空間は、もっともっと面白く、知的に、運動面でも鍛えられるはずです。

　授業は多様なメッセージ（身体、言語、非言語など）が錯綜している時空間です。それはまさにその時空間を実に多くのメッセージがブラウン運動の様な動きをしているようなものにも準えられるかもしれません。教員は適宜、そのメッセージを拾って反応し、時に無視して意図する授業目標に向かいます。それは限りないダイアローグ（対話）の作業だと思われます。独白までもがそこを飛び交いますし、身体の動きなども送り出されます。今のSNSではそこが伝えにくく崩れているのかもしれません。無限のモノローグの空間です。オンライン方式の授業をより効果的に構築するためには、特に自分のやっていることが見えている教員の存在は重要でしょう。初任時の教員ほど自分（の授業）や学習者、さらに世阿弥の「離見の見」ではないのですが、自分が動くことや思考も含めて、なかなか周り、場、状況がみえていないものです。自分の学びを客観視するようなcognition of cognitionに準えるmeta-cognitionよりもさらに深い異なった視点だと思われ、それがオンライン教育のみならず、対面方式の教育でも同様に大切に扱われることではないでしょうか。

[参考文献]

- Eble, K. E. (1981) the craft of teaching, Jossey-Bass.
- Flanders, N. A. (1970) Analyzing teaching behavior, Addison-Wesley Publishing Company.
- Hough, J. (1980) The Observational System for Instructional Analysis Vol. One, The Ohio State University.
- Hough, J. (1980) The Observational System for Instructional Analysis Vol. Two The Ohio State University.
- Jensen, K. B. (2021) A Handbook of Media and Communication Research Qualitative and Quantitative Methodologies. 3rd ed.
- Lave, J. & Wenger, E. (1991) Situated learning: Legitimate peripheral participation, New York: Cambridge University Press.
- Masterman, L. (1980) Teaching the media Routledge.
- McLuhan, M. (1964) Understanding Media McGraw-Hill Book Company.
- Potter, W. J. (2004) Theory of Media Literacy A cognitive approach, SAGE Publications.
- Semali, L. M. (2002) Transmediation in the classroom. A semiotics-Based Media Literacy Framework. PETER LANG.
- 生田久美子（1987）『「わざ」から知る』東京大学出版会.
- 岡村郁子・近田由紀子・渋谷真樹・佐藤郡衛（2022）「コロナ禍における補習授業校のオンライン教育への取り組み ── オンライン授業による包摂と排除」『異文化間教育』56 異文化間教育学会、79–97.
- カナダオンタリオ州教育省（1992）『メディア・リテラシー ── マスメディアを読み解く』（FCT〔市民のテレビの会〕訳）リベルタ出版.
- 関根ハンナ（2019）「英語教育における教員と学習者のコーラスリーディング指導に対する認識調査」（早稲田大学人間科学研究科修士論文）、77.
- 鳥居明子（2021）『大学のIRと学習・教育改革の様相 ── 変わりゆく大学の経験から学ぶ』玉川大学出版部.
- 中橋雄（2021）『メディア・リテラシーの教育論 ── 知の継承と探究への誘い』北大路書房.
- 野嶋栄一郎（2002）『教育実践を記述する ── 教えること・学ぶことの技法』金子書房.
- 文部科学省HP（2022）https://www.mext.go.jp/component/b_menu/shingi/toushin/__icsFiles/afieldfile/2017/11/27/1398442_1_3.pdf（11/1/2022）.
- Creative Commons (2022) https://creativecommons.jp (11/12/2022).

第6章

それぞれの視点で
教育の現状を語る
（対談）

この章では、この3年間を中心に最近の教育の現状や課題についてそれぞれの立場、視点で語ってもらいました。進行は保﨑が担当しました。

①教育心理の視点：　山地弘起氏：独立行政法人・大学入試センター・教授
　　　　　　　　　　　　　　　　（研究分担者）
②日本語教育の視点：寺田恵理氏：名古屋大学・言語教育センター・非常勤
　　　　　　　　　　　　　　　　講師（研究協力者）
③TA研究の視点：　　藤城晴佳氏：東洋大学・情報連携学部・助教（研究分担者）

┌─ ①教育心理から：山地弘起氏の話 ─────────────────
│ 最初に2020年4月以降オンラインで学ぶことが教育現場では増えていま
│ すが、そのことについてどのように考えますか。
└──────────────────────

　オンライン学習のメリット、デメリットは、かつて私がメディア教育開発センターにいたときにもある程度整理がなされていたように思うのですが、結局、自分の慣れ親しんだ環境や分野でも進められる内容なら効率的にできると思うのですが、新しい内容は<u>場ぐるみの言語環境や埋め込まれた構造</u>が動かない限り表面的な理解にしかならないように感じています。

┌──────────────────────
│ <u>場ぐるみの言語環境や埋め込まれた構造</u>が動かない限り難しいとはどう
│ いうことでしょうか。
└──────────────────────

　これは20年以上前、メディア教育開発センターで働いていた頃に、看護とか医療の人達と、当時はFDのはしりの頃ですよね、遠隔で医学教育の人達をつないでFDの試行みたいなことをやった時に、看護の先生方といろいろ話しました。特に看護とか医療とかの専門教育の中では、何が課題になっていてどういうものを見てどういう働きかけをするかっていう専門知とかexpert knowledgeみたいなものは、場に入ってみなければわからないと。言語化して整理した段階でそれを伝えようとしても、それは所詮、何て言うのか

な、畳の上の水練以上に難しいところがあって、やっぱり現場っていうか臨床指導とか実地指導とかの場で直に交わされる言葉を通してね、あれこれ何が見えて何が見えてないかっていうことの体感が必要なんですよね。例えば、レントゲンの写真なんかは素人が見てもわからないように、最初は目の前で何が起こっているかわからないんだけれども、そこで何が起こっているかがわかっていくためには、そのローカルな状況でやりとりをすることによって修正を重ねるという、そういう現場の体験が非常に大事であろうというふうに思ったし、またそういうことだろうと同意してもらった経験があってね。だからそういう意味では、特に新しい技術を身につけるとか現場で専門教育をしないといけないようなときに、遠隔でのやりとりは（まだ今の段階では）自分のこれまで持っている記憶の中で意味付けることしかできないわけだから、そういうことではダメなので、その先にある自分の見えないところに進んでいくときの仕組みとして非常に弱い。でも一方で、今ちょうど各企業が盛んにやっているデータサイエンスなんかは、その素地のある人にとってはものすごく効率的な遠隔教育が、IT畑の人から特にアメリカなんかで始まったと思うんです。バーチャル・ユニバーシティーとかっていうのは、やっぱり基礎的なスキーマがあれば比較的簡単に勉強を進められるんですね。逆に、たとえば統計学を初めて勉強する人は、オンラインだけで統計学をやろうとしてもかなり大変だろうと思います。統計学みたいなものってかなり外国語に近いものだから、まず行列の記法から始まって、どういうふうな考えの筋道を立てるんだっていうところ自体がひとつの学習ですね。そういうことっていうのは、こういうふうになってますと伝えるだけじゃダメなので、やっぱりその場でその分野の言葉を使いながら、まさに場ぐるみで相手が一体何を言ってるんだろうってことを確かめながら、同じ言葉を使ってみたりしながらもがいていくプロセスが必要なのだろうと思います。それは、使ってみたり書いてみたり、計算して出てきたことが分からなくて先輩に教えてもらったりっていう、一種の言葉を習得する過程みたいなものに相当近いんだろうと思います。そういうことはやっぱりその場に入ってやりとりをしないと、さっきの専門教育と同じように、やっぱり見えてこないし自分の理解にもつながらないということだと思うんです。場ぐるみっていうのは、本当にその

先に行くためのイニシエーションの機会のようなもので、遠隔教育でもいろいろ工夫が可能かもしれませんが、自分が馴染んだ、安心してきた環境、自分の記憶の中にいられるような世界の中でやりとりをするという学習環境では、非常に難しいということです。

> この言語というのは必ずしもその言語そのものというよりもリテラシーのようなものを含んだ言語ということですか。

　そうですね。その言語でもって自分が機能できるという意味でのリテラシーですよね。最近、言語教育でトランス・ランゲージング（バイリンガル教育でのL1、L2という大きな言語で分けずに言語使用という大きな側面から人の言葉の使い方をコミュニケーションの機能から見る考え方）という言葉が出てきていて、これまでのバイリンガル・エデュケーションを批判的に捉え返していますね。個別の言語、日本語とか英語とかドイツ語とか、あるいは大阪弁とか標準語とかの個別言語のシステムを習得するっていう言語観ではなくて、特にバイリンガル・エデュケーションなんかでも、例えば教科の学習をするときには母語でやって、それで理解を深めて何か問題解決するときには、じゃあそこでマジョリティになっている言語でやりましょう、とかいうことがあり得ると思うんです。もっと強いトランス・ランゲージングになってくると、例えば僕の場合は高松で生まれて東京でしばらく暮らして標準語に馴染んだ後、長崎に行って長崎の方言とチャンポンになって今また少し標準語に戻ってきたところがあります。世界と関わる時の言語のレパートリーがかなり個人によって違うだろうというところがあって、極端な例を言えば、こういうことを言うときにはドイツ語でやらなきゃいけないんだけれど、ある人と話すときには標準語が出てくるとか、あるいは自分の子どもと話すときにはもう普段使用している方言でいいんだとか、状況に応じて自分がやりとりをするときの自然さかな、生態学的に妥当なというのか、そういう言葉を多分使うんだろうと思うんですよね。先輩とのやりとりとか、後輩とのやりとりとか、現場の作業でのやりとりとか、渋谷で遊んでいるときのやりとりとか、そういうところで自然に使

い分けがなされていて、時にはチャンポンになって、要するにLanguagingっていう、その状況の中で現れるコミュニケーションがいろんな言語体系をクロスオーバーしているようなイメージですね。そういう意味では柔軟なマルチリンガルなんだろうと。看護の中で使われる言葉にしても、特定の状況の中、例えば看護のシフトの中に入ったときにはまさにそのレパートリーがぐんと活性化される。そうじゃないときにはそのレパートリーは眠っているっていうイメージでしょうかね。でも日常の中でその専門性がふと要請されるときには、断片的に目覚めて日常の言葉に混じることもあるでしょう。

　最近unconscious biasの話がよく出ますが、対人知覚のバイアスは無意識の世界像の一部に過ぎないわけなので、そこだけを変えようとしても、それが埋め込まれた構造が動かない限り表面的な繕いにしかなりません。さっきの話に戻りますが、概念的な理解は場ぐるみの言語環境のなかで新しい「言葉遣い」を通して浸透していくと思うので、これまでと同じ言語環境に身を置いたままでは表面的・断片的な知識にしかならないのではないかと思います。non-cognitiveな能力については、例の「主体的で対話的」という決まり文句が盛んに出てきますが、画面でつながるオンライン学習では間やジェスチャーの思考促進機能が損なわれる気がしますし、要するにオンライン環境に適応したnon-cognitive skillsが育つということになっているのではないでしょうか。オンデマンドやビデオオフの授業は、これまで無理してshow upしていた学生たちに安心な環境を提供する面もあるので、その点のメリットはあるかもしれないですね。

> **COVID-19はいずれ収束しますが、オンライン、不登校、学校行事などについて、不登校は悪いことではなく、選択肢の一つであると私は考えているのですが、山地さんはどのように考えるのでしょうか。**

　Twice Exceptional（2E：才能ある発達障がい者）やギフテッドの話題が出てきて、個別最適が強調されています。が、より根本的な課題として、同じ年齢で学校に上がるという制度が孕む問題がありそうです。ある科研の研究分担者に

なって、早生まれの受験生のセンター試験の成績や文科省の21世紀出生児縦断調査の2次分析をした結果をみてみると、たしかに早生まれの子どもたちは、全体傾向としてみた場合には、その後の発達にハンディを負っているようです。諸外国でも似たような結果になっているようで、個別最適というなら、進学や進級のレディネスをより柔軟にとらえて学習環境を整えることが求められるはずなのですが、いまだに全体効率を優先する学校システムになっているようで、少々落ちこぼれたり吹きこぼれたりしても仕方ない、という意識が罷り通っているような気がします。学校が学習機会を独占する時代ではないのに、学校学習のテコ入れを図っているようなチグハグな印象を受けます。教育機会均等法ができて5年後に確認・見直しがあったと思うのですが、その結果今どのようになっているのかは、ちょっとわからないです。

大学生の生活調査の話になり、、、

　某社が何年かおきに行っている大学生の学習と生活の調査で、主体性がずいぶん喧伝されながら実は主体性が下がってきているという結果になっています。結局学校化してしまったのではないかと思うんですよね。アクティブラーニングでもなんでもそうですけど、本当に高校ではものすごく手をかけて、ものすごく丁寧に授業をやるんですよ。先生がきちんと道具立てを用意して、生徒は、これについてはどれですかって選べばいいような感じになってて。それだと、そういう風に適応してしまった学生は何か自分から動くとね、アクティブラーニングに乗らないからアクティブになれないみたいな、何か変な状況になってるのかなって思いますね。

　主体性と並んで、思考力というのもバズワードですけど、思考力を何とか測れと言われてますね。大学入試でも、「知識」だけじゃなくて「思考力」を測らなければいけないという方向ですが、マルティプルチョイスの共通テストでもそれが要請されて、思考力と言いながら、複数の資料を見て答えましょうみたいな、ちょっと違った捉え方になっていることも多いです。もともと思考って非常に個性的というか個人的なものだと思うんですよね。さっ

き、オンラインだと自分の記憶の範囲でやってるしかないって言いましたけど、ポジティブな意味で言えば、自分の記憶の中にいるからこそ周りが安定して見えていて、自分はどういうふうに行動したらいいか分かりやすい。ある意味ではフィルターの固まりであるけれども、それによって一種の安心・安全の幻想を持っていられる。それはある意味でのウェルビーイングになっていると思うんですよ。ただ、個人のそういう記憶なり経験なり、それから関心なり要望なり将来像なりみたいなことが、一緒くたになって一つの思考プロセスを牽引するんだとすると、みんな一緒にアクティブラーニングをこうやりましょうっていうのは非常に暴力的なところがあって、確かに授業の目標に向かってはそういうことかもしれないけれど、そこからいろいろ溢れ漏れてくるものがあるはずで。

> ### 以前小学校を訪問した時の思い出に触れて、、、

　昔、ある小学校に授業参観に行って、はっと思ったことがあります。生活科というのが始まった頃で、飼っているヤギさんに餌を買ってあげなきゃいけないんだけれども、ペットボトルを何本売ればいくらになるんだみたいなことをやっている場面でした。それぞれがいろんな考え方をして、こうやって足し算したらいいでしょうっていうふうに素朴にやる子もいれば、掛け算でぱっとやる子もいて。最後に、先生が、やっぱりこうやると簡単にできますね、と、それで今日の授業は終わりっていうふうに設計をしてて、それで実際にそこでチャイムがキンコンカンコンと鳴ったわけです。でも、子どもらは納得しないんですよね。いやそういう風にできるかもしれないけれど、さっき言った自分の考えは何でダメなんだと。だって解けたじゃないかと。そういう、何て言うのかな、納得のできなさみたいなものって、一つの何かルートがある中で学習を進めていくことからは当然いっぱい起こっているわけなので、それが実際小学校のうちは「先生、それはおかしい。」とか「なんでダメなの。」って言うけれど、これが中学校・高校になると、こういうことなのね、と、そういう風に先生に付き合ってあげないと、というふうに思うん

でしょうね。それが一番話が早い、というふうに思って、結局そこで思考を止めるんだと思うんですよ。だから結局、<u>思考を諦めさせるプロセスが副作用としてできてしまっている</u>ということが、いや先生も大変だと思うんです、やっぱりこれだけの内容をこの時間でここまでいかなきゃいけないから君たちも協力してくれ、みたいな気持になってもおかしくないと思うんだけど、でもやっぱり、もし思考というものが本当に個人的に成り立っていて、思考を促進することが学習の一つの目標なのであれば、やっぱり逆効果なんだろうと思うんですね。先生という仕事は本当に厳しいなと思いますね。

話は教員養成につながって、、、

要するに、大卒の段階で何をどこまで求めるかっていうことだと思うんですよね。やっぱり<u>OJTじゃないとどうしてもわからないこと、身につかないことってある</u>と思うんです。たぶん教員だけじゃなくて、介護も医療もみんなそうだと思うんですけど、大卒段階で求める内容やレベルは、担当教員はやっぱりここまでは要求するっていうことになるんでしょう。けれど学生の方から見ると、本当に現場に出る前の適切な準備になっているんでしょうか。今の学生は、ぶつかるってことを異様に嫌がりますよね。<u>ぶつかるってことがないと先に行けないんだけど</u>、ぶつかるってことを回避してると自分の内側に内側に入っちゃって周りをまともに見なくなってしまうような気がします。その<u>ぶつかりへの耐性というか、ぶつかりへの信頼みたいなもの</u>は、現場に出る前にぜひ身につけておきたいものですが。

中学校ではICT、GIGAスクール計画の実施もあり、一人1台のタブレット端末が配布され、授業でもデータ検索などで活用していますが、、、

やっぱり僕もそうだけど、何かちょっと分からないとか思い出せないなっていうときにすぐネットなどで調べちゃうんですよね。でも、インターネッ

トなんかなかった時代には、「えーっと」って自分の中でいろいろ考えたりいろいろ調べようとしたり、とりあえず近場にあるものでヒントを探したり、人に聞いたりしていたわけで、どうもそういうことは無駄ではなかったように思うんですよね。それで自分の中で何とか落ち着けてとか、自分の中の記憶をたどって、例えば数学の問題を解くにしてもこれってどうやるんだったかなと思って改めてゼロから考え始めるとか、すごく時間のかかることもあったけど、それでいろいろ<u>気が付くこと、新しくわかること</u>みたいなものがありましたね。あれと似てますよね、本屋に行って、自分の目的のものじゃなくていろんな周りの物が目に付いて、いろいろ見てると意外な発見があるとか、紙の辞書だと関係ないところも目に入って、へえ、こんな単語もあるのかって思うみたいなね。一見無駄ではあるけれど、何かその蓄積がすごく有難いことになってるんじゃないかって思うことがあります。ピンポイントの問題解決からは脱線しますが、<u>たまたま</u>（咄嗟、即興的）<u>の経験が次への土壌をつくる</u>という、生き物の自然な同化作用がありそうなので、その点で、いくら<u>世界が変わっても変えられない価値</u>みたいなものもあるんじゃないかなって気がします。

> **教えることは引き出すことではないのか、ということに関連して、オンラインでの教授法も学ぶ人によって異なるのか、、、**

　広い意味で教授法の話になってくると思うんだけど、その教授法が効果的かどうかということでまた個人差を考えてしまうわけです。例の、<u>同じ齢になって何年生になるっていう制度の大きな問題</u>は、同じ年齢層でも個人差が非常にあるし、高齢者って言っても同じ65歳だって相当個人差があるしっていうことを、共通の基準とか公平な処遇とかの主張を聞く度に思うんですね。さっき、思考が個人的だと言いましたけど、やっぱりいろいろ躓くところも違うし、先生とのやりとりも、オンラインだとこれができるっていうふうになっても、やっぱりそれが合わないっていうこともあるし。選べるということが大事だと思います。そしてそのためには、自分の学びにはこれが必要な

んだ、それを先生に説明してサポートしてもらおう、というような、そうい
う<u>自分の学びを助ける自分</u>っていうのかな、そういうものをつくっておくこ
とも大事ではないかと思います。

ありがとうございました。

---

②日本語の教育から：寺田恵理氏の話
この 3年間の日本語教育の環境の変化もあった中、他国で教えたことも
含めて、何か考えたことがありますか。

　通勤時間がかからず、時間になったらすぐに授業が始められるオンライン
授業は利便性が高いですね。オンラインになったばかりの頃は、学生たちは
戸惑いがあったと思います。教える方も学生側も、画面に映し出されること
に慣れていなかったですし、システムを使いこなすという面でも難しさがあ
りました。学生に問いかけたときの反応が対面とは異なっていたので、これ
までやってきた感覚ではできなくて。応答までの間であったり、戸惑いや緊
張感など、<u>五感を通して感じられていたことがオンラインになったら遮られ
ているようで、すぐに判断がつかない難しさ</u>もありました。でも世の中全体
がオンラインにせざるを得なくなっていたので、学生も教員も大学もみんな
で慣れていくしかない状況でした。
　海外で教えていたときは、日本語教師の勉強会に参加していました。会の
前半は参加者がオンライン授業での工夫について発表したり、授業で使用で
きる便利なアプリを紹介したりして、後半はグループに分かれてディスカッ
ションをしたり、アプリの紹介があった日はそれを使って実際に活動を考え
たり、小テストを作ってみたりしました。月に 1度の勉強会はとても心強い
存在でした。相談できる先輩や仲間がいたことで、<u>みんなが同じ課題の解決
に向けて一緒に試行錯誤しているという感覚</u>でやってくることができました。

> **オンライン授業で不自由な点などありましたか。**

　(早大人間科学部eスクールでの) 教育コーチの仕事でもZoomは使ってましたし、ゼミのミーティングでは接していた学生が2、3人だったのが、日本語のクラスでは20、30人になったということで、人数の面での違いはありますが、ハードルはそれほど大きくなかったように思います。新しい大学に移って1年目は (LMSのような) 授業管理システムですとか、その大学独自のやり方に慣れるのに時間が少し必要でした。

　オンライン授業から対面に変更になったときは、日本語での言葉のキャッチボールがしやすくなったのを感じました。一般的には、授業中の会話の際、学生たちにビデオオンを強制することはできないかと思います。パンデミックが始まった頃は、会話のクラスであれば顔を見ながら話すのが当たり前だと思っていたので、「みなさん、ビデオをオンにしてくださいね」というようなことを言ってしまい、学期の初めからビデオはオンで始めたんですね。学生たちがこのクラスはビデオをオンにして参加するものなのだと思ってくれたからか、2回目以降はこちらからほとんどお願いをすることなく、学期を通して学生たちがビデオをオンにしてくれました。最初からこういうものだ、と思ってもらえたのはよかったのかなと思います。でもWiFiの問題があったりして、途中でネットが落ちてしまう人もいましたし、今日はネットが不安定なので、ということで音声だけの人もいました。

　現在オンラインでしているコースでは、授業の冒頭で「ビデオが大丈夫な人はオンでお願いしますー」と1回お願いする程度にしています。こちらが何も言わなくても必ずオンにしてくれる学生が3割ぐらいはいるんですよね。お願いをすると7割以上の学生がオンにしてくれます。ただ90分ずっとオンではなく、徐々に減っていき最後にはまた3割程度になりますが、少しだけでも顔が見られると様子がわかりますし、授業のしやすさが違います。インタラクティブな授業を目指しているので、学生たちの顔が見えるかどうかは授業の質にかなり影響を与えていると思います。

　とくに制限はしていませんでした。昨年まで担当していた作文コースでは、グループに分かれて、学生たちが書いたものをお互いに読んでコメントをしあう活動をしていました。授業の前に自分が書いたものをLMSのフォーラムにアップロードして、グループメンバーが書いたものを読んでくるところまでが宿題でした。授業時間はコメントをしたり、ディスカッションをしたりすることが中心でしたが、メンバーのファイルを見ながらコメントをするので、スマートフォンの小さな画面で、ファイルとZoomの両方を映すことは難しいと思います。作文の授業を対面でしたときは、教室にパソコンを持ってきている学生がほとんどでした。参加型の授業でこのような内容ですと、パソコンはあった方がいいと思います。

　オンライン授業は物理的にはどこにいても問題ありませんが、カフェでしたら周りの声とか音楽もありますし、屋外だったら車や風の音もあるので、マイクをオンにしたときにどうしても周りの音を拾ってしまいます。雑音が入って、他のメンバーが「え?」と聞き返していたこともありました。外国語(第二言語)なので、雑音がある中でのコミュニケーションは母語に比べて負担が大きくなります。話している人以外が全員ミュートにすると、雰囲気や他の人たちの反応が十分に感じとれないこともありますし、話し合いをするのに心地よい環境を作るためには、オンライン授業への参加は比較的静かなところが適していると言えます。言語のクラスでは対面であってもオンラインであっても、音が非常に重要だと感じました。

　大学の寮に住んでいる学生は教室まで10分、15分くらいですから、教室に行くことにそれほど負担や抵抗はないようでした。対面授業とオンライン授

業に対する学生たちの受け取り方は、通学時間や授業形式が関係してくると思います。電車やバスで1時間ぐらいかけて来る学生もいます。ある学生が、日本語会話のクラスは遠くても教室に行った方が対話活動がしやすいし、みんなと学びの場を共有できるからいいんだけど、講義を聞いているだけだったら、往復2時間かけるのは大変だからオンラインがいい、といったことを言っていました。学生たちの話を聞いていると、すべての授業が対面である必要はないのではないかと思います。

キャンパスでオンライン授業を受講する学生が空き教室に集まったときなど、不便はありましたか。

大きな教室に数人程度であれば離れて座ることもできますし、それほど周りを気にしなくてもいいですが、大学全体で徐々に対面授業に戻していったときに、空き教室で授業を受ける学生も増えていって教室内が混み合っていることがありました。対面授業とオンライン授業が続いていると、その間の15分程度の休み時間では家に戻ることができないですから、そうせざるを得ないということですよね。落ち着いて授業に参加したいからと、対面授業が終わってすぐに、走って自分の部屋に戻る学生もいました。日本語会話の授業では話す活動が多く、感染を防止するために、対面授業に戻すのは他の授業に比べて遅かったと思います。ブレイクアウトルームでの話し合いが盛り上がっていたときに、空き教室から参加している学生は声をひそめて話しているのを何度か見かけました。また、他の学生たちも教室を出入りしているため、視線がそちらを気にしているようでした。言語のクラスですと、一言も発しないことはほとんどないですし、他の学生たちがいる空き教室からの参加は周囲が気になってしまうかもしれませんね。

> その他にオンライン式の授業は、日本語の授業での活動との馴染みの良
> さ悪さというようなことはありましたか。

オンラインの方が向いているのは<u>静かな環境が適している活動</u>だと思います。グループでじっくりと議論したいときに、狭い教室では他のグループの話し声が聞こえてくるので集中できないこともあります。感染対策で座席の間隔を空けていますし、マスクで口の動きも読めない状況では、<u>他の音が入ると外国語で深い議論をするのはさらに難しくなります</u>。

またプレゼン発表を行ったコースでは、発表会の前にグループ練習を行いました。その様子をグループメンバーはスマートフォンで撮影し、発表の仕方や質疑応答での答え方などについてコメントをします。やはりこの活動を対面授業で行っていたときは、教室の中で複数のグループが同時に発表練習をしていたので、他のグループの声が聞こえて練習に集中できなかったり、ビデオに他の人たちの声が入ってしまったりという問題がありました。このような活動では、完全に閉じられた空間を作ることができるオンライン授業が適していると思います。<u>通信環境がよければ、議論や発表練習をするときはブレークアウトルームがベスト</u>ですね。

> 最後に、この3年間の経験を振り返って誰にでもどこに対してでもいい
> ので伝えたいことはありますか。

<u>オンラインではできないことが多いと思い込んでいた</u>ように思います。技能別のクラスでは、スピーチやプレゼン発表、作文課題、プロジェクトの作品などを成績評価の対象としていたので筆記試験はしませんでしたが、総合的な日本語クラスでは筆記試験が必要でした。ただ、<u>何か起きたときにどう対応するか決められていない段階で、オンラインでの筆記試験をすることに不安がありました</u>。特に相対評価のクラスですと僅差で学生たちの成績が変わりますし、慎重になる必要があります。

今はオンラインでの筆記試験を行うこともありますが、試験を受けるときの注意を徹底して、試験中は録画しながら、学生の様子を画面を通して見ています。これまで問題のなかった自宅からのインターネット接続が試験の後半になって突然不安定になってしまい、慌てたこともありました。そのときは、すぐにスマートフォンからZoomにログインし、パソコンで開催していたミーティングをスマートフォンに切り替えて事なきを得ましたが、もしものときのために複数の方法を準備しておくことは不可欠だと改めて学びました。その一方で、オンライン授業をしなければならない状況になって、グループ活動も、スピーチ発表も、プレゼン発表も、筆記試験も、一通りオンラインで経験することができたことで、今後もどんな状況にも対応していけそうだという自信になりました。パンデミックが起こらなかったら、今ほどは大学の授業のオンライン化は進んでいなかったのではないでしょうか。この数年で対面とオンラインの両形態を経験して試行錯誤したことで、教師としてスキルアップにつながったというのもあります。対面であっても、オンラインであっても学生が主体的に学ぶことのできる授業作りに真剣に向き合う機会にもなりました。今後は授業の内容や形式、対象の学習者によって対面とオンラインの棲み分けが進んでいくだけでなく、多様な学習者に対応できるようにさまざまな形態での授業提供が求められるのではないでしょうか。

　この3年を振り返ると、教師がそのときそのときの状況の中で、よりよい授業にしていこうという熱意と柔軟性を持っていることが大切だと感じました。授業の質を向上させていくためには、状況に合わせて変えていくことが必要です。上司や同僚を含めチームで同じ方向を向いていれば、よい変化を生み出していけると思います。

> **ありがとうございました。**

この 3年ほどで起きていることに対して、学生のことに関して気づいた
こと、発見したことなどはありますか。

　実際体感で言うと何も変わらないかとは思います。あるいは、教えている
学生との関係で言うと、一対一、実際には一対多数ですけど、授業の話だけ
で考えるとそんなに変わらないなと思っています。コロナが始まったときに
世間が言っていたほど学生は戸惑ってないんじゃないのかなっていうのは私
の意見一意見でもしかしたらこれ私が教授歴が浅いからそういう風に考えら
れるのかもしれないんですけど、何か世間で言われてるほど混乱もしてない
し混乱してるのは学校側とか教員側だけで学生はもっと順応性が高いってい
うか、何かそこまでじゃないんじゃないのかな、変わらないんじゃないのか
なってのは個人的な意見ですね。

　なんで変わらないと思うかというと、まあ細かく言えばその授業の方法は
変わっているとは思うんですけど学生の反応とかがその前と比べて、コロナ
になってからそんなに変わらないからでしょうか。教える内容も変わってな
いですが、教え方っていうのは変わったのかもしれないです。しかし学生の
反応を見ていて以前に比べてよく世間に言われているように、何かモチベー
ションが低いとか友達がいなくて離脱しちゃうみたいな感じは私のクラスで
は感じなかったです。その対面でやっているのとのオンライン同士で顔を見
るっていう違いはあるのですが、学生の反応は変わらないのでと思うんです。
私がこの2年間教えていたと学校は2、3校ありますけど、そこの教育体制が
ちゃんとしているから戸惑わずにできたのかもしれませんね。個人的な感覚
としては、学生の順応性が高いんだと思います。学校が思っていた以上にそ
んなに学生のことを心配してあれこれしなくても学生がぜんぜんついて来ら
れたんじゃないのかなっていうのがありますね。

授業を補助するTAについての研究をする立場からどのようなこと、課題、希望が見えていますか。

　結構TAの役割が多かったのかなと思っています。そのTAがついていた科目は、専門科目じゃなくて基礎科目みたいな1年生の必修で新入生が全員受講するみたいな科目でした。やっぱり初めて大学に来た1年生で右も左もわからず完全オンラインでやります、みたいなときにやっぱりTAがいて、そこに学生がいろいろ質問ができて、教員までは相談事が来ないけれどもTAが私も去年オンラインでやったからここがわからないのはわかるよみたいな感じでやってくれたっていう経験知ではTAの存在が大きかったのかなと思っています。

TAとの色々な付き合いとして、、、

　性別や立場は関係なかったのかもしれないんですけどキャラクター的に女性のTAと男性のTAが私の授業に2人付いていて、女性の方と私は本当に友達みたいな感じで授業をやっていました。学生は、どちらにも私にも相談来ることありましたし、TAの方からは、先生には言えないけどというLINEメッセージで学生が相談に来ましたというような報告とかもあったりしました。TAが受講生とLINE交換しているんだと驚きはしましたけどね。その学校はちょっとLMSがちゃんと準備されていないから多分その連絡のすべがなくてLINEになったとは思いますね。何か結構、授業外でもカフェテリアとかでTAさんと話したりとか授業の内容だけではなく、学生生活みたいなことでTAが学生にいろいろ頼りにされていました。自分からもそういう風に進むようには配慮したところもあるのですが。

　コロナになったら、共通で何かを教えるってことはやめた方がいいなとは思っています。1年生の立場ですから同じ1種類の科目で違う先生が何十クラスも受け持っていてどんどん開講されている中で、同じ科目で同じ教材を使わなきゃいけないっていうのはちょっとコロナでは融通が利かなかったかなっていうことがあります。その反面、その共通科目だからこそここまでちゃんとクオリティ高く授業ができたのかなっていう気持ちもあるのでまあ良いとこ悪いとこ、そのどっちももあるんですけど。カリキュラム的には、その共通のやり方がいいのか悪いのかっていうのはちょっと自分にも問う2年間だったなと思います。一人で勝手にできて共通科目じゃない場合は勝手にできてオンラインの特性とかも生かせたなとは思うし、逆にやらなくていいやって自分でどんどん省いていくこともできたのでやりやすかったんですね。同時に何か質保証とか考えるとやっぱりその統一でやって、教員たちも週に一回ミーティングがあってこういうことをやりましたこういうことやりましたってやっているからこそ授業が良くなったのかもしれないとも思っていますね。だから学校側からしたらそのカリキュラムを統一するかどうかっていうのはちょっとイエスアンドノーのアンサーになってしまうかもしれません。やっぱりLMSを使いやすくしてほしいっていうのはありますよね。LMSがあまり使いやすくない学校はLMSもありながら自分で他にGoogle Meetとか使って、Google classroomも使ってやっている先生も多くて、学生からするとその授業ごとにそれが違っていて大変なんです。早稲田だったらLMSがMoodleで、そこからZoomもできてというような感じに統一されていると思うんですけど、そういう教授学習システムの構造や体制をちゃんと整えていたところがうまくいっているんじゃないかなとは思うんですね。

　まあ授業履修のところで、学生が選べるといいですよね。他国などでは例
えばじゃEnglish101っていうのがあったとして、4つぐらい同科目、English101
が開講されていて先生によって扱う本が違っていて、どの先生がいいか選べ
るみたいになっていますよね。今たぶん日本の学校だと何科目か開講されて
いても、たぶん自動的に必修科目っていうのは配分されちゃっていて、この
先生のEnglish取りたいんだみたいのがあまりないと思うんです。それができ
るといいなとは思いましたよね。それこそ質の向上につながると思うし教員
のモチベーションにもなるとは思います。なんかうーんこう学びにおける
やっぱ個人化、個別化しなきゃいけないことと、共同で学ぶことっていうの
が本当にごっちゃになっちゃっているなっていうのは自分が学生の時から感
じていたんです。今回コロナ禍になっていろいろシステムが大変だったりと
か、授業スタイルをどうするかってなったときにそれが一気にぐちゃぐちゃ
になってカオスになったなとは思っています。やっぱり学びは日本だと共同
とかみんな平等とか全員でやるみたいなのが多い。それで家で宿題個別で
やってくださいみたいな方法が多いと思うんです。例えばなんですけど
English readingの授業などはわざわざみんなで集まってみんなで読む必要と
か全然ないと思いますね。あれだと教員もつらいと思うんですよね。その個
別で学ばなきゃいけないことっていうのと共同で学ばなきゃいけないことも
学ぶべきことっていうのをもっともっと明確化していく。それは何か教員が
明確化していくだけじゃなくて学生もそれを明確化していく。これは個別で
やるべき学びなんだ、これは共同でやるべき学びなんだそっちの方がいいん
だっていうのをもっともっとこうクリアに分かっていけばいいでしょうね。
そうなれば、何かあやふやにぐちゃぐちゃにされていたグレイなゾーンと
かっていうのがなくなって学生も学びやすいしこれも結構大事だと思います
し、教員も教えやすいというか学ばせやすいみたいな感じになるんじゃない
のかなとは思っています。ただやっぱりちょっとこの半年ぐらいでどんどん

対面に戻ったりとか、ハイフレックスでやり始めて思うのは結局そのグチャグチャなところにまたカオスに戻っていくんだっていうのは思っているんです。自分としては教える方、学ぶ方で、その学びの個別化と共同化みたいなもっともっとクリアに明らかにしていくべきだなとは思っています。その個別、個人の勉強のやり方っていうのがちゃんと機能しないまま大学生になっちゃったからみんなで何かグループワークして共同みたいになっちゃってる気がします。そうじゃなくて自分で考えて自分でちゃんと意見を言っていてそれがやっぱり学生も自主的にやることを身につけないといけないですね。あっ、これは個別にやった方がいい、これは共同やった方がいいってのがわかるような学生を教育で育んでいかないと教員も教えづらいし授業もやりづらいだろうとは思いますね。

> **このコロナ禍を経験して、これから学びに変化が出てくるとしたらそれはどのような形になっていったら面白いと思いますか。**

　今何か個人がYouTubeやMOOCSで学べるとかイーラーニングで学べるとか師匠に弟子入りするとか寿司職人になるとかいろいろな学びの方法がありますね。そういうことがだんだん大学とかっていう概念のような所はたぶん残ると思うけど、誰しもが学びにこうアクセスできて受験して大学に入らないと学べないとか社会人になってお金を払わないと学べないとかじゃなくて、もう誰もが学びたいときに学びたいことを学びたい方法で学べるみたいになっていくとそれは理想ですよね。そうなってくれたらもっともっと学ぶということに対してハードルが下がるとは思う。学びたいときに学びたいことを学びたい方法で、ここが大事だなと思いました。以前は、学びたい方法で学べないっていうことが問題なんだなと気付かなかったんですけど今学びたい方法で学びたいって思っている人がそもそも世間に少ないと思います。自分も学生時代は、大学には通わなきゃいけない、大講義室で100人で受けなきゃいけないみたいな風に思ってきちゃったんですよね。学びたいことを学びたい、学べるように学びたいって思っていたんですけど、学びたい方法で

学ぶっていうその方法っていうところが当時は考えになかったなっていう思いがあります。この1、2年、教える側が学生にどっちで学びたいですかって聞いてないんですよね。オンラインがいいですですとか、対面がいいですかって。実際にアンケートで聞いてみると、どちらでもいいに丸つけるのが8割いるんですよね。中には「家が遠いからオンラインにしてください」みたいな人もいるけどそれは学びたい方法で学ぶっていう理由にはならないと思います。

　コロナ禍だと大学側がしっかり出席取りなさいとか体面に戻したら教室で代返してくる人がいっぱいいるから、点呼で出席取りなさいとか大学に言われるんですよ。それはどうなんかですかね。自分としては何かそういうボトムラインばかりじゃなくて結構何か学びたいって思ってる学生は思ってたより多いんだとは感じました。もっともっとさらに上に行って学びたいって思っている学生も思っていたよりも多くいるなあ、と。何かエクストラの課題などは、やってもやらなくてもいいですよって言うとやってくる学生が多くいることがわかりました。思っていた以上に大学生は怠けていないなというか、学びを進める学生が多いことに気づきました。思っているより何かをやりたい学生が多いんだっていうのはびっくりしました。

最後に何か伝えたいことがあったらお願いします。

　COVID-19パンデミックになる前から他大学のTAは大学教育の皿洗いとか言われて出席ばっかり取っていた面もあったと思うんですよね。今回コロナ禍でオンライン授業になってTAがいて助かったっていう先生方は多いと思いますけど、それはやはり自分がICT関係がうまくできなくてそれを全部やってもらったからとか、出席だけはTAにとってもらって自分は授業に専念できて助かったっていう先生も多いんです。ただ、それは大分違うなと思っていて、今こそTAを大きく有効に活用するチャンスだと思っています。それなのに何かどうしてもやっぱり、以前は対面ばかりで教えていた先生がオンラインへ移行するとなると対面で教えるところ以外は全部TAに任せてで、出

席お願いしますということだけを頼んで自分は授業がありますよ、何か
ちょっと分からないことがあったらTAさんにお願いしますというような。
TAを待機させてるみたいなことはすごくもったいなくて。なにか、でもそれ
はTAさんの仕事内容は自分もやってみて思ったんですけど、先生の裁量にか
かっているっていうか、どんどんそのTAさんを授業に入れて一緒に授業を
作っていくような先生もいるし、そういう何か言葉が不適切かもしれません
けど、雑用係みたいな感じで使っているような先生もいますが、本当にICT
じゃないオンライン授業においては、TAが大切だって教授会などで言う先生
もいます。けどそれは全然違うなと私としては思っていて、そのオンライン
でコミュニケーションを取れないとか言われていますけど、だからこそ多分
TAさんを活用した方がよくて、私の授業の例なのですが、「15分間TAタイ
ム」っていうのを作っていて、TAさんが自分で授業したりとか今週見つけた
カフェとかもね、何か発表し始めたりして授業の最後の方、面白いTAさん
だったんです。一緒に採点もプレゼンテーションもしてTAの点数っていうの
はそれなりに、持ち点を低くしたんですけど、やはり一緒にやってもらった
方が教員にとってもやはりわかりやすく、自分では把握できてないこととか
が把握できたりとか、一人じゃなく教えているということですね。でもそれ
はやっぱりティームティーチングとは違うなとも思っています。そこは
ちょっと自分で線引きをしているんですけど、あなたはTAさんで私は教員っ
ていうのはちゃんとルールを作ってやっているんです。

　でもだから今こそめちゃめちゃTA使えるとき、皿洗いじゃなくなるとき
じゃんって思ったんですけど結果やっぱりね、この1、2年じゃなかなか修正
できずに、、、それも最終判断は教員の裁量によるので教員が自覚してやらな
きゃいけないのか、大学側がそういうセミナーとかを開いてもっとTAを活用
しましょうというようにしなきゃいけないのか、終着点はどこか分からない
ですね。残念ながら、TAの授業活用では、せっかくのチャンスだったのにま
た皿洗いに戻ったよ、みたいなところがありますね。自分としては、ただやっ
ぱり教員は特殊な世界であって、他の先生の授業とかっていうのを教員が入
れないから他の先生がTAどうやって使っているのかとかっていうことはわ
からないんですけど、自分自身TA経験が長くて授業内でいろいろ発言させて

もらったりとか、ちょっとだけ講義などをやらせてもらった身からすると今がチャンスって思ったのに、すごくもったいない教育現場になってるなっていう思いはあります。

ありがとうございました。

［参加者紹介］

保﨑則雄（早稲田大学・人間科学学術院・教授）
はしがき、第1章、第5章、第6章の取りまとめ

冨永麻美（早稲田大学・人間科学部・教育コーチ）
第2章、第3章、第6章の取りまとめ

北村 史（長崎大学・情報データ科学部・助教）
第4章

山地弘起（独立行政法人大学入試センター・教授）
第6章

寺田恵理（名古屋大学・言語教育センター・非常勤講師）
第6章

藤城晴佳（東洋大学・情報連携学部・助教）
第6章

[著者プロフィール]

保﨑則雄 （ほざき・のりお）

早稲田大学人間科学学術院教授（教育コミュニケーション研究）
主な著書に『海外研修×ディープ・アクティブラーニング——
早稲田大学保﨑研究室18年間の実践活動』（共著）（早稲田大学
出版部、2021年）、『かかわりを拓くアクティブラーニング——
共生への基盤づくりに向けて』（分担執筆：山地弘起編著）（ナ
カニシヤ出版、2016年）、『「情報」人間科学』（分担執筆：中島
義明・野嶋栄一郎編集）（朝倉書店、2008年）、『映像の言語学』
（分担執筆：城生佰太郎編）（おうふう、2002年）など。
主な論文に「映像制作のオンライン授業における協働作業に
よって学びが生起する様相の分析」（共著）『教育メディア研究』
（29(2)、2023年）など多数。
その他最新の教育業績・研究業績の詳細に関しては、（https://
researchmap.jp/）から「researchmap保﨑則雄」のサイトを参照し
て下さい。

冨永麻美 （とみなが・あさみ）

早稲田大学人間科学部　教育コーチ
主な論文に「映像制作のオンライン授業における協働作業に
よって学びが生起する様相の分析」（共著）『教育メディア研究』
（29(2)、2023年）、「大学生がオンラインで映像制作を協働する
過程において形成される態度と変容する意識」（共著）『人間科
学研究』（36(1)、2023年）など。

北村 史 （きたむら・ふみと）

長崎大学情報データ科学部　助教
2011年より早稲田大学人間科学学術院助手。2015年より長崎大
学大学教育イノベーションセンター助教としてアクティブ・
ラーニング型授業の設計支援に従事。2020年より同情報データ
科学部助教。
主な論文に「ゴール型球技を事例とした選手視点体験における
HMD活用の効果」（共著）『日本教育工学会論文誌』（46巻増刊
号、2023年）、「協働的に月の満ち欠けのしくみを学ぶオンライ
ン型VR教材の開発」（共著）『日本教育工学会論文誌』（45巻増
刊号、2021年）、「小学校外国語活動用マルチメディア教材の制
作と使用教員による評価」（共著）『教育メディア研究』（23(1)、
2016年）など。

対話を重視した
新しいオンライン授業の
デザインを創る

映像モード・音声モード・
文字モード・身体モードの役割とは

2023年6月16日　第1版第1刷発行

著者	保﨑則雄、冨永麻美、北村 史
発行	有限会社 唯学書房
発売	有限会社 アジール・プロダクション
	〒113-0033
	東京都文京区本郷1-28-36 鳳明ビル102A
	TEL 03-6801-6772／FAX 03-6801-6210
	E-mail hi-asyl@atlas.plala.or.jp
印刷・製本	モリモト印刷株式会社
デザイン／DTP	平澤智正